基于大数据的小学生成长数据和学校管理研究

Research on Primary School Student's Growth Data
and School Management based on Big Data

◎ 祝莉娟　陶光毅 / 编著

電子工業出版社.
Publishing House of Electronics Industry
北京·BEIJING

内 容 简 介

本书以创新的理念，探索和研究小学生成长数据和学校管理的新途径和新方法。本书阐述了研究的背景和意义；论述了小学生成长数据的来源、数据的特点与分类、数据的收集与处理、电子文件归档、小学电子档案、数据的存储、数据的检索、数据的分析挖掘；以北京市海淀区培英小学为例，论述了数字化赋能小学教育和小学智慧校园建设；介绍了培英小学承担的三个教育科学规划课题以及标准研究与编制。

本书内容翔实，重点突出，实例丰富，深入浅出地论述了小学生成长数据和学校管理的基本概念和关键技术，适合中小学教师、中小学管理者、各级教育部门以及家长等不同层次的读者阅读。

未经许可，不得以任何方式复制或抄袭本书之部分或全部内容。
版权所有，侵权必究。

图书在版编目（CIP）数据

基于大数据的小学生成长数据和学校管理研究 / 祝莉娟，陶光毅编著. —北京：电子工业出版社，2024.5
ISBN 978-7-121-47812-3

Ⅰ.①基⋯ Ⅱ.①祝⋯ ②陶⋯ Ⅲ.①小学－学校管理－研究 Ⅳ.①G627

中国国家版本馆 CIP 数据核字（2024）第 089706 号

责任编辑：魏子钧
印　　刷：三河市君旺印务有限公司
装　　订：三河市君旺印务有限公司
出版发行：电子工业出版社
　　　　　北京市海淀区万寿路 173 信箱　邮编：100036
开　　本：720×1 000　1/16　印张：12　字数：153.6 千字
版　　次：2024 年 5 月第 1 版
印　　次：2024 年 5 月第 1 次印刷
定　　价：63.00 元

凡所购买电子工业出版社图书有缺损问题，请向购买书店调换。若书店售缺，请与本社发行部联系，联系及邮购电话：(010) 88254888，88258888。
质量投诉请发邮件至 zlts@phei.com.cn，盗版侵权举报请发邮件至 dbqq@phei.com.cn。
本书咨询联系方式：(010) 88254613。

前言 PREFACE

随着新一代信息技术的广泛应用，数据以爆炸般的速度生成。数据作为新型生产要素和重要的战略资源，对我国的国民经济和社会发展具有重要的作用。我国是人口大国，也是教育大国，我国的小学在校生人数超过 1 亿。教育领域的数据来源广泛，数据产量位居世界前列，已成为大数据的重要组成部分。

如今，小学生成长数据采集手段众多，学校、家庭和社会都在全方位地记录小学生的成长足迹。小学生成长数据的数据量大，在其一生中保存的时间最长，可长达数十年甚至近百年。利用长期积累和保存的海量的小学生成长数据，能够分析挖掘更有价值的信息。

大数据与教育结合助力学校教育和学校管理，已成为现实趋势。在提升教育治理能力和治理体系现代化水平的背景下，大数据使学校管理科学化成为可能。学校管理的精准化和科学化需求成为大数据广泛应用于学校管理的驱动力。

北京市海淀区培英小学（简称培英小学）在 2016 年至 2024 年期间，承担了市、区两级教育科学规划课题三个，分别是"以本校数字化档案管理为例，探究小学数字化档案管理的有效途径""基于大数据技术的小学生成长档案数据存储与挖掘利用研究""基于大数据技术的小学生成长数据挖掘与学校管理研究"。这三个课题的研究内容成为了小学生成长数据和学校管理研究的主要组成部分。在研究过程中，课题组成员认真分析了小学生成长数据的来源和特点，收集、处理和整理了培英小学数十年来各类翔实的数据，提出了小学生成长数据分类的方法，深入探讨了小学生成长数据的价值和长期保存的意义，研究了数据长期保存的技术和实现方法，同时，还从实际情况出发，研究和建立了数据存储和管理系统，积极推进数字赋能小学教育，建设和优化小学智慧校园，旨在以创新理念探索小学生成长数据和学校管理的新途径。本书深入浅出地论述了小学生成长数据和学校管理的基本概念和关键技术，适合教师、家长、学校管理者以及教育管理部门的工作人员阅读。

本书共十二章，第一章由祝莉娟和陶光毅共同编写，第二章至第八章由陶光毅编写，第九章和第十章由祝莉娟编写，第十一章由孙琦编写，第十二章由刘冰编写。全书由祝莉娟和陶光毅统稿。北京师范大学的楚江亭教授、中国科学技术信息研究所的练亚纯研究员、北京科技大学的郭德侠教授、北京市海淀区教育科学研究院的杜卫斌高级教师、北京市海淀区万寿路学区管理中心的臧国军高级教师、黑龙江省建设投资集团有限公司的郭超工程师、中国葛洲坝集团国际工程有限公司的刘春阳高级工程师、山东专利工程有限公司的王大伟工程师对课题研究给予了大力指导，培英小学的董齐、张雪颖、艾平平、方瑞、郭娟、夏景波、孙晓群等老师参与了数据收集和研究，培英小学的各位家长提供了孩子的成长数据，在此一并表示感谢。

由于运用大数据技术的小学生成长数据和学校管理研究可供参考的资料有限，加之作者水平有限，时间仓促，书中难免存在纰漏。欢迎读者批评指正，提出宝贵意见。

目录

第一章　导论
1.1　研究背景和意义　/1
1.2　国内外研究述评　/8
1.3　研究内容和方法　/12

第二章　小学生成长数据的来源与分类
2.1　小学生成长数据的来源　/19
2.2　小学生成长数据的特点　/22
2.3　小学生成长数据的分类　/29

第三章　数据的收集与处理
3.1　数据的收集与整理　/32
3.2　数据质量　/36
3.3　数据清洗　/38
3.4　数据处理　/40
3.5　纸质文件数字化　/42
3.6　数据的价值　/43
3.7　数据的汇聚整合　/45
3.8　档号编制规则　/46
3.9　编目　/48

 **第四章　电子文件归档**

4.1　电子文件归档范围　/49

4.2　电子文件的归档格式　/59

4.3　电子文件的归档方式　/59

4.4　电子文件元数据归档　/60

 **第五章　电子档案**

5.1　小学电子档案的类别　/61

5.2　电子档案管理系统的主要功能　/68

 **第六章　数据的存储**

6.1　存储介质　/69

6.2　光驱　/73

6.3　磁光电混合存储　/77

6.4　文档型非关系型数据库存储　/81

6.5　异构数据库存储　/86

6.6　基于光盘的数据库存储　/92

第七章　数据的检索

7.1　索引　/94

7.2　中文自动分词与中文分词词典　/96

7.3　异构数据库检索　/102

7.4　同义词词表检索　/103

7.5　光盘数据检索　/111

第八章　数据的分析挖掘

8.1　分析挖掘的方法　/113

8.2　统计分析的应用　/119

第九章　数字化赋能教育

9.1　数字化工作　/122

9.2　学生信息　/126

9.3　教师信息　/140

9.4　档案数据　/144

9.5　学校管理应用　/148

9.6　数据驱动学校管理决策　/152

第十章　小学智慧校园建设

10.1　数字资源　/154

10.2　数字素养　/155

10.3　学校教育数据应用　/157

10.4　微信公众号　/158

10.5　信息化系统　/161

第十一章　培英小学承担的教育科学规划课题

11.1　北京市海淀区教育科学规划课题（2016—2018）　/163

11.2　北京市海淀区教育科学规划课题（2019—2021）　/167

11.3　北京市教育科学规划课题（2021—2024）　/169

第十二章　标准研究与编制

12.1　小学生成长数据长期保存通用规范　/171

12.2　数据清洗与处理的应用实例　/177

参考文献　/182

CHAPTER 1

01 第一章
导论

现代教育的发展日新月异，数字化赋能小学智慧校园建设大大推动了小学学校管理的数字化进步。随着信息技术的发展，小学生成长数据的记录方式也发生了巨大的变化，来源广泛、增长迅速的小学生成长数据已成为教育大数据的重要组成部分。利用海量的小学生成长数据能够分析挖掘更有价值的信息。

长期保存海量的小学生成长数据和数字化赋能学校管理是数据存储、管理和利用技术创新的驱动力。本章对研究的背景和意义进行了论述，对国内外基于大数据技术的小学生成长数据和学校管理的研究方法和技术进行了比较分析，对各种管理的技术和实现方法进行了具体的阐述。

1.1 研究背景和意义

在大数据环境下，小学生成长数据和学校管理数据迅速增长，生成的海量数据对小学生成长和学校管理具有巨大的价值。因此，有必要对小学生成长数据和学校管理进行系统和深入的研究。

1.1.1 研究背景

随着云计算、移动互联网、区块链等新一代信息技术的快速发展和广泛应用，数据量爆炸式地增长。根据国际权威机构 Statista 的统计和预测，2016年、2019年全球数据产生量分别为18ZB、41ZB，2025 年、2030 年、2035 年全球数据产生量将分别达到 175ZB、612ZB、2142ZB。根据国家互联网信息办公室发布的《数字中国发展报告（2022 年）》显示，2022 年，我国数据产量达 8.1ZB，位居世界第二，数字经济规模达 50.2 万亿元，总量稳居世界第二，占 GDP 比重为 41.5%。数据作为新型生产要素和重要的战略资源，对我国经济和社会的发展具有重要意义，数据存储需求在"十四五"期间将加速增长，到 2025 年，数据存储总量将超过 1800EB。

2014 年 3 月，"大数据"首次被写入《政府工作报告》。2019 年，我国首次将"数据"列为生产要素。《"十四五"数字经济发展规划》明确了我国数字经济发展的总体思路、发展目标、重点任务和重大举措。

我国是人口大国，也是教育大国，我国的学生数量位居世界前列。教育领域的数据来源广泛，已成为大数据的重要组成部分。

2019 年，中共中央、国务院印发的《中国教育现代化 2035》提出，要推进教育治理体系和治理能力现代化，要提高学校自主管理能力，完善学校治理结构。2023 年 10 月，工业和信息化部等六部委印发的《算力基础设施高质量发展行动计划》提出，在应用赋能方面，要进一步扩大算力在教育领域的应用。在大数据时代，利用大数据来服务教育、把这些大数据信息转化成知识来改革传统教育将是一个很大的挑战。

在学校管理方面，尽管现代教育的发展日新月异，但学校的管理还是主要依赖抽样数据、局部数据和片面数据，依赖经验、理论、假设和价值观去寻找学校管理的规律。因此，人们对学校管理的认识往往是表面的、肤浅的、简单的。大数据时代的来临使得学校能够获得和使用全面数据、完整数据和系统数据，从而获取过去不可能得到的知识和无法企及的机会，进而深入探索学校管理的规律。因此，利用全体性、混杂性、相关性的数据可以支持学校的管理。

数据驱动的学校治理现代化是通过追踪教育主体和教育业务产生的教育数据，透视学校发展存在的潜在问题，以数据变革治理范式，精准制定治理目标，最终实现学校治理体系和治理能力的现代化。以数据为基础作出正确的决策来解决教育领域问题，教育数据正成为教育领域一种有效的治理工具。

随着信息技术的发展，小学生成长数据的记录方式和载体也发生了巨大的变化，从早期的纸质载体记录信息为主发展到现在的以计算机等电子设备生成数字信息为主，数据量剧增，数字信息又以非结构化数据（文档、图像、音视频等）为主，非结构化数据占比超过 80%。同时，我国小学生的数量庞大（2022 年我国在校小学生达 1.07 亿人），小学生成长数据量迅猛增长。

传统的关系型数据库对结构化数据的存储和管理技术非常成

熟，对数据的规范性要求高，能够很好地存储和管理目录数据等结构化数据。各种格式的非结构化数据基本上是以电子文件的形式存储在磁盘/固态盘上的，目前没有合适的计算机软件系统能对非结构化数据进行存储和管理。非关系型数据库突破了关系型数据库严格的表结构，能够存储各种类型、各种格式的非结构化数据。同时，关系型数据库和非关系型数据库互不排斥，它们之间可以相互交换数据，从而相互补充、扩展，这有利于海量数据的存储和管理。

海量数据的存储带来的能耗、环保等问题日益突出。数据存储的巨大需求及由此带来的能耗和成本的飞速增长成为存储技术发展面临的严峻挑战，这也使得我国教育数据流失严重。学校较少采集教师和学生的教育行为数据（如课堂教学、学生考卷、学生评语等数据），大多是用过但不保存，这使得教学缺乏针对性，制约了学校教育质量的提高。

如今，小学生成长数据采集手段众多，学校、家庭和社会全方位地记录着小学生的成长足迹。小学生成长数据的数量大，保存时间长，可长达数十年甚至近百年。利用长期积累和保存的海量的小学生成长数据，能够分析和挖掘更有价值的信息。

2023 年 11 月发布的国际标准 ISO/IEC 18630:2023《信息技术 信息交换和存储的数字记录媒体 数据长期保存用光盘的质量判别方法和存储系统的操作方法》（*Information technology – Digitally recorded media for information interchange and storage – Quality discrimination method for optical disks and operating method of storage systems for long-term data preservation*）明确提出，在数字信

息社会中，没有安全、长久地存储和积累快速增长的数字信息的可靠手段。因此，人们担心，在不久的将来世界将面临严峻的形势和重大的问题。用于数据长期保存的系统和存储媒体（又称存储介质）必须适用于大规模、多种类、多种格式数据的存储、检索和利用；存储介质和读写设备必须具有兼容性，存储介质长期保存的数据可被读写设备读取，且能耗低。从存储发展的历程来看，存储介质主要有磁带、磁盘、固态盘和光盘，磁盘和固态盘保存数据的寿命较短，一般为 5 年，且能耗高。在这种情况下，由于光盘所具有的特点（低成本、低能耗、高兼容性、高安全性等），更具体地说，光盘具有超低能耗的数据存储能力（在离线状态下）且光盘驱动器（简称光驱）具有很好的兼容性，因此，光盘越来越被认为是一种用于高容量存储的解决方案。采用刻录性能良好的刻录光驱可以制作长期保存数据的高品质光盘，这既能提高光盘的刻录品质，又能降低长期保存中记录数据品质的劣化程度。光盘保存数据的寿命可以超过 100 年，这为数字信息的长期安全保存奠定了物理基础，因此，采用光盘保存小学生成长数据是可行的。

陶光毅、练亚纯等发明的光盘数据检索（包括全文检索）技术，突破了光盘依赖于目录检索、内容查找效率低下的技术瓶颈，使数据检索速度和数据读取的速度均可达秒级，无须将光盘上的数据拷贝到磁盘、固态盘后再进行数据检索和数据读取，从而大幅提高了光盘数据管理和利用的水平。2022 年 11 月修订的日本工业标准 JIS X6257 提出，长期保存用光盘能够解决的重要问题之一是在大规模归档系统中能够设置检索功能（包括光盘数据检索）。

1.1.2　研究意义

大数据与教育相结合来助力学校教育和学校管理已是必然趋势。大数据应用于学校管理有其内在的逻辑一致性，也有其内生动力和外在驱动力。

在提升教育治理能力和治理体系现代化的背景下，大数据具有的及时性、全域性和预测性特点与学校管理的科学化需求契合。大数据使学校管理科学化成为可能。对于学校管理而言，针对性、可行性是其事实判断标准，科学性和合理性是其价值判断标准，教育大数据恰好为学校管理的针对性、可行性、科学性和合理性提供了技术支持和现实基础。学校管理的科学性和合理性是对学校管理的价值判断，是对具体的学校管理行为是否可以满足主体的教育需求、实现主体预期的一种判断，是主体属性和客体需求的统一。学校管理的科学性和合理性程度取决于学校管理客体满足主体教育需求的程度。通过对大数据中主体需求的精确分析和预测，可以更加全面、深入地了解主体的教育需求，从而提高学校管理的及时性、精准性。

以创新的理念，探索小学生成长数据管理的新途径。结合小学信息化的实际情况（如人力、财力、技术、设备等），研究如何实现"海量数据、长期安全保存、快速查找、有效利用、低成本、低能耗"的效果，可以为小学生成长数据管理提供参考，对大数据创新技术的应用进行验证与扩充。

从技术路线和创新实践的角度，提出了在大数据环境下处理、管理、存储和分析挖掘海量小学生成长数据的新方法。在大数据环境下，国内外正在研究安全、长久、低成本、高兼容性、低能耗存储数据的可靠手段和采用非关系型数据库存储数据的新技术。本书基于我国小学生成长数据管理的发展趋势，以长期保存和分析挖掘海量数据为目标，探索在大数据环境下采用创新技术手段管理海量小学生成长数据的新方法。

分析小学生成长数据的特点，对小学生成长数据进行科学分类，系统、有效地监测、存储和分析挖掘不同集合的小学生成长数据，这可以使学校管理更具有针对性、方法更科学、效果更明显。

从实际应用的角度，这有利于学校和家长根据小学生成长数据进行动态跟踪，综合判断学生的能力倾向，把握学生的心理变化状况，判断学生在成长过程中存在的优势与不足，反思出现的问题，并提供有针对性的支持，从而解决学校教育与管理顺序不清、效果不理想的问题。

进一步开拓小学生成长数据管理和学校管理研究的领域。在新理论、新技术、新标准的引导下，小学生成长数据管理和学校管理的研究已进入新阶段和新领域。本书旨在以小学生成长数据管理为切入点，探索在大数据环境下海量教育数据管理研究的演变方向，为学校管理问题的研究提供理论基础和技术支持。

根据对学校管理的数据化评价，及时改进学校管理的模式和做法，可以提高学校管理的效率，丰富学校管理理论。

1.2 国内外研究述评

国内外对基于大数据技术的小学生成长数据和学校管理的研究方法和研究的侧重点有所不同。以下通过对国内外相关的文献、调查和案例进行研究，来分析比较小学生成长数据和学校管理的方法和技术。

1.2.1 国内研究述评

随着智慧校园的建设以及物联网、云计算、移动智能设备的发展，构建了共享数据库平台，实现了信息的流通，通过校园一卡通等载体建立了个人的信息门户并被存储和区分。随着移动智能终端的普及，学生和教职员工成为了数据的实时贡献者，且这些数据能被存储和分析。在我国，大规模在线开放课程的数据汇聚也已初具规模，这也为学校管理大数据应用平台的建设和运用奠定了坚实的基础。

在"2021世界人工智能大会"期间，上海市教委负责人在相关主题论坛上发表主旨报告《上海教育数字化转型：设计与实施》指出，上海教育数字化的思路是以教育新基建为基础，以校级的数字基座为节点或者关键点，以教育教学模式改革为核心，通过数字素养提升、教育评价改革、教育资源建设三个抓手，来促进教、学、管、评、考、教研、服务、资源、活动和家校互动等场景。

当前，小学已基本实现了学校管理的规范化和标准化，数据是助力学校迈向精细化管理的重要引擎。上海市长宁区绿苑小学成立了由 12 人组成的数据决策小组来推动学校的发展。绿苑小学以数据驱动的学校治理特色相对鲜明，相关工作已取得了显著的成效。上海市浦东新区第二中心小学把构建以数据为核心、生态为基础的大数据支持的数字化学校管理平台作为重点，来促进学校管理水平的提升。北京市通州区南关小学依据教师调查数据有针对性地制定了教师发展规划，借助第三方机构评估其教学效果，基于数据实现了教师的共治与自治，进而全面提升了学校治理的能力。北京外国语大学附属小学等学校也探索了大数据支持下的学校治理新模式。

利用内外部评价数据可以支持学校的决策，并记录学校自主权变化的过程，基于内外部评价数据共同驱动的学校决策能稳定地拓展学校的自主权。在革新传统的、繁琐低效的校务管理模式，以及转变管理理念的同时，需要注重利用数据平衡学校的供需管理。

我国教育部门从 20 世纪 90 年代开始使用计算机记录小学生成长数据。2002 年印发的《教育部关于积极推进中小学评价与考试制度改革的通知》明确要求"建立每个学生的成长记录"。2017 年 12 月，教育部印发的《义务教育学校管理标准》规定，要建立学生健康档案，将学生参加体育活动及体质体能健康状况等纳入学生综合素质评价；要建立学生综合素质档案，做好学生成长记录，真实反映学生发展状况。

教育部制定的《义务教育课程方案（2022 年版）》提出，要创新评价方式方法，注重对学习过程的观察、记录与分析，倡导基于证据的评价，关注学生真实发生的进步，积极探索增值评价。上海市闵行区教育局依托大数据推动数字化校园建设，全面客观地记录学生的成长轨迹，积累多维度的学生成长数据，让反映学生发展状态的数据完整地显示出来，以推进教育质量观的转变，引导学生培养模式和教育质量管理方式的科学发展。上海市电化教育馆制定了学生成长数据汇聚标准，以支持和服务综合素质评价的各相关业务系统，使其成为未来开展学生成长数据挖掘分析的数据平台。北京市海淀区培英小学（简称培英小学）建设了基于关系型和非关系型数据库的小学生成长数据收集、存储、管理、检索、分析挖掘系统，努力探索小学生成长数据与学校管理之间的关系，为学校管理决策提供数据支持；采用磁光电混合存储系统存储海量的小学生成长数据；制定了《小学生成长数据长期保存通用规范》《小学电子文件和电子档案管理规范》等本校标准。

1.2.2　国外研究述评

2010 年，美国国家教育统计中心指出，有近 5.16 亿美元的美国联邦政府资金被用于发展各州的技术基础设施，其中包括通过州级纵向数据系统（Statewide Longitudinal Data System）资助项目来支持学区建设基于数据驱动决策的信息技术基础设施。当前，数据驱动决策系统已成为美国各学区利用数据支持学校发展的有力工具。学校管理者通过数据驱动决策系统可以查看各年级、全校乃至整个学区学生的学习情况，依据学习分析数据来调整管理策略。美国的一些学区采用数据驱动决策系统，可以分析学生测试分数和成绩，缩小学生之间的成绩差距，提升教师的素质，分析和改进课程，并利用数据作出正确的决策，从而提升学校的整体水平。美国的实践案例表明，数据驱动决策系统在帮助学区和学校领导利用数据制定用于持续改进的蓝图方面表现出积极的作用。美国的小学利用人口统计数据、观念数据及学生学习过程的测量数据来辅助学校作整体性决策。美国威斯康星州肯尼迪小学在成立仅14年时就获得了美国"蓝带学校"的殊荣，其成功的重要秘诀之一就是采用了"数据驱动型教学"等措施，将高质量的教学和评价建立在动态数据研究的基础上。对于教师和学校领导来说，实施基于数据的行动计划需要他们将数据与自己的运作联系起来。Black和Wiliam在1998年提出，当教师看待自己角色的方式发生了深刻的变化时，他们在课堂上的日常实践也就发生了很大的变化。评估学校的数据使用过程很重要，一些专家的研究（如Wayman、Jimerson和Cho，2012）表明，数据的可用性并不能确保实际使用数据能改变课堂上的教学实践。进一步的研究应该关注如何将数据转化为课堂上的改进实践，因此，应该集中精力深入研究课堂上发生的事情（例如进行课堂观察）。美国学习点协会（Learning Points Associates）强调"在利用数据改进决策之前，理解数据究竟是什么"。这里所说的学校的数据是指学区和学校管理团队使用的多种信息和知识资源，例如有关学生年级、语言熟练度、国家标准评价、真实性评价、教师自编测验、教学实践、作业和年级平均成绩等。

国外利用学生成长数据进行教育与管理的研究比较早。最早以"成长记录袋"（又称"成长记录册"）的形式来保存学生数据，这也是在西方中小学校评价改革运动中形成和发展起来的一种崭新的评价方式。自20世纪80年代以来，美国的学校普遍采用这种方式对学生的品德和学业进行评价。尽管"成长记录袋"收集的数据有一定的局限性，但这却开启了一种学校教育与管理的新模式。

小学生成长数据的来源、类型、维度等各不相同，实现数据的标准化汇聚成为至关重要的工作。国外有学者提出和使用"学习记录存储库"(LRS)，这是与xAPI标准相配套而产生的数据存储机制：一个用于接受、存储和访问学习数据的服务器。LRS用于存储不同情景、不同种类的基于xAPI标准生成的学习经历和行为数据。同时，存储在LRS中的学习经历可以与其他系统共享。这为学生成长数据的收集、存储、使用提供了更广的时空。

跟踪和收集学生学业成就数据这一"增值评价模式"是目前美国教师教育认证的一大趋势，这些具体的数据被认为能够明确地展示教师教育专业的质量和水平。这是由于教师教育机构汇总的宏观数据会掩盖不同专业之间性能的显著差异，与宏观数据相比，这些具体的数据在问责和持续改进方面的效用较大。美国教师质量委员会（National Council on Teacher Quality，NCTQ）认为，加利福尼亚州需要将中小学生成长数据作为重要的证据，收集学生成长与教师教育专业质量相联系的数据，以此作为证明专业有效性的关键证据。

1.3　研究内容和方法

1.3.1　研究内容

本书以小学生成长数据和学校管理为研究对象，对相关的管理技术和实现方法进行具体阐述。本书共分为十二章，具体内容如下。

第一章围绕教育发展背景与研究意义、国内外研究情况、研究内容、研究方法、技术路线等方面展开论述。

第二章介绍了小学生成长数据的来源，阐述了小学生成长数据海量性、数据格式多样性、集合多样性、高度分散性、标准多样性、归档复杂性、系统依赖性、保存长期性、价值多样性的特点，提出了小学生成长数据的分类方式。

第三章介绍了数据收集和处理相关的内容，包括归档文件的整理、数据质量、数据清洗、数据处理、纸质文件数字化、数据的价值、数据的汇聚整合、档号编制和编目等。

第四章介绍了电子文件的归档范围和保管期限，提出了在大数据时代，学校应尽可能多地收集数据并尽可能地长期保存数据，以便在未来挖掘其价值，还介绍了电子文件的归档格式、归档方式和元数据归档。

第五章介绍了与小学生成长相关的电子档案，包括小学生成长电子档案、教育教学电子档案、文书电子档案、人事电子档案、数字化奖品电子档案、照片类电子档案、视频类电子档案、音频类电子档案，还介绍了电子档案管理系统的主要功能。

第六章讨论了数据的存储，介绍了存储介质和光驱，论述了磁光电混合存储、文档型非关系型数据库存储、异构数据库存储、基于光盘的数据库存储。

第七章介绍了数据的检索，包括异构数据库检索、同义词词表检索和光盘数据检索（包括全文检索）。

第八章介绍了分析挖掘的方法、在视力统计分析方面的应用。

第九章阐述了培英小学利用数字化赋能教育的思路、实践和经验，还介绍了学校管理应用，包括"五项管理"、学生健康管理、人员管理和内控建设、数据驱动学校管理决策等。

第十章论述了培英小学在智慧校园建设方面的做法和成果，主要包括数字资源、学校信息化领导力、教师数字素养、学生数字素养，重点介绍了学校微信公众号和学校信息化系统。

第十一章介绍了培英小学承担的北京市海淀区教育科学规划课题"以本校数字化档案管理为例，探究小学数字化档案管理的有效途径"和"基于大数据技术的小学生成长档案数据存储与挖掘利用研究"，以及北京市教育科学规划课题"基于大数据技术的小学生成长数据挖掘与学校管理研究"的相关情况。

第十二章介绍了培英小学坚持创新驱动、标准先行的情况，重点介绍了《小学生成长数据长期保存通用规范》的编制情况和主要内容。

1.3.2　研究方法和过程

本书采用行动研究法（即确定研究目标，制定研究措施，不断地反思与调整，从而逐渐逼近研究目标），并辅以文献研究、调查研究和案例研究。文献研究是指采用联机检索方式、采用组合的关键词在国内主要网站及国内外主要数据库中进行检索。调查研究是指与小学生、教师、家长、学校领导和管理团队、教育部门等进行访谈，向专家咨询，进行实地考察，收集数据资料等。案例研究是指从不同来源搜集小学生成长的数据，按不同的数据集合进行分析挖掘、比对，把数据分析的结果与学校管理相关联，探索两者之间的关系。

明确问题。学校、家庭、教育机构等每年产生大量的小学生成长数据，这些数据涵盖德育、教学、体育、健康、卫生、艺术、社会实践等各方面。如何从多年积累的种类繁多的小学生成长数据中挖掘有价值的信息并使数据挖掘具有针对性，如何将小学生成长数据与相应的学校管理相结合以提高管理水平，这都是关键的问题。

分析问题。模拟时代的数据收集和分析极其耗时耗力，其依赖于随机采样获取的样本数据，但有限的样本数据无法揭示事物的细节和本质，只能对个别现象刨根究底。有限的样本数据往往只能局限于寻找因果关系，难以寻找事物之间的相关关系。小学生成长数据集合了小学生成长的各个方面，可以选择其中的一个方面，寻找与这方面有关联的数据，并综合多方面的数据进行分析挖掘。

制定计划与实施，其包括准备、实施、总结三个阶段。准备阶段：调查和分析。实施阶段：研究与测试运用大数据技术对小学生成长数据及学校管理数据进行收集、存储、检索和分析挖掘，研究小学生成长数据与学校管理的相关关系，研究用数据对小学生成长与学校管理进行评价的方法，并根据学校实际建立基于关系型-非关系型数据库的小学生成长数据平台。总结阶段：对实施阶段的做法、成果、经验、问题及教训等进行总结。

观察。在实施计划的过程中，对行动情况进行观察和记录，收集有关信息，以便对计划的实施情况有大致的了解，并为本书作出较全面、较透彻的分析提供依据。

反思。根据计划进行一个阶段的试验，拥有了一定量的信息之后，对计划-行动-观察进行再认识，也是对前一段的行动结果进行分析、检验和判断的过程。反思的目的在于弄清前一段的计划实施在多大程度上解决了想要解决的问题，有什么样的经验教训，以便为开展下一轮的行动研究提供依据。

1.3.3 技术路线

首先，开展实地调研和文献调研，了解目前小学的具体情况和需求，根据需求进行系统架构的设计和程序模拟，以保证系统的可用性、稳定性和安全性。其次，对小学生成长数据和学校数据的来源、类型、特征进行分析，并进行分类，明确其存储、检索和分析挖掘功能，为小学生成长数据和学校数据的管理提供可行的技术路线。

建立由关系型数据库和非关系型数据库组成的异构数据库，存储和管理小学生成长数据和学校数据，其存储技术路线如图1-1所示。关系型数据库存储结构化数据，非关系型数据库存储结构化数据和非结构化数据，结构化数据可以在关系型数据库和非关系型数据库之间进行交换。采用磁光电混合存储技术，关系型数据库建立在磁盘/固态盘上，非关系型数据库建立在磁盘/固态盘和（或）光盘上。

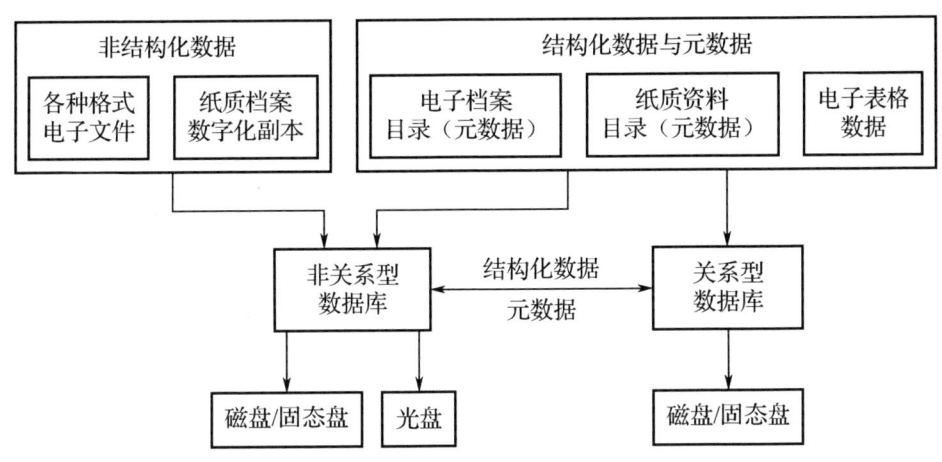

图 1-1 小学生成长数据和学校数据存储技术路线

异构数据库的检索技术路线如图 1-2 所示。关系型数据库的检索包括目录检索、关键词检索、布尔检索、数值检索、日期检索、时间检索等。非关系型数据库的检索包括全文检索（磁盘/固态盘全文检索、光盘全文检索）、词表检索、多库检索、限制检索、布尔检索、二次检索、数值检索、日期检索、时间检索等。关系型数据库可以全文检索非关系型数据库中的文字信息。

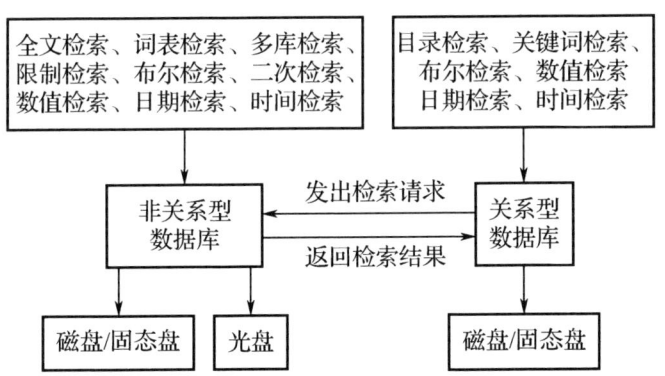

图 1-2 异构数据库的检索技术路线

可以对数据库中的文字、数值、日期、时间进行分析挖掘，包括从电子文件中抽取的文字信息。例如，对学校年度报告中的文字信息进行分析挖掘，可以找出年度工作重点；对历年年度报告中的文字信息进行分析挖掘，可以了解工作重心的转移。

大数据技术支持的小学生成长数据和学校数据管理模式适用于大规模、多种类、多种格式数据的存储、检索和利用，有助于提高学校管理的能力和水平。

CHAPTER 2

02 第二章
小学生成长数据的来源与分类

小学生成长数据来源广泛，种类多，数量大，对小学生成长数据进行科学分类和有效管理具有重要的意义。本章讨论小学生成长数据的来源，论述和分析小学生成长数据的九大显著特点，提出小学生成长数据的分类方法。

2.1 小学生成长数据的来源

本节详细介绍来自学校、家庭、教育部门、相关部门和社会的小学生成长数据，这将有利于收集小学生成长数据，全方位地记录小学生成长过程。

1. 学校

学校的数据包括与学校、教师、学生、教育教学、家校相关的数据。

- ➢ 学校基础数据：学校基本信息数据、教学资源、学校各项评比类数据、安全数据等。
- ➢ 学校档案数据：行政管理、通知、年度报告、大事记、教学改革、义务教育工作自查报告、报表、学期工作计划、工作总结、毕业典礼、光荣册、先进事迹等。
- ➢ 学校管理数据：学籍管理、学龄人口信息采集、小学入学适龄儿童建档、学生通讯录、学生管理卡片、头像采集、通知书（如入学、放假、疫情）、调研表（如伙食、交通）、安全协议书（体育活动）、疫苗接种等。
- ➢ 学生数据：学生基本信息、学生档案、学习成绩、作业数据、考勤数据、操行评定、三好学生数据、获奖信息、不良记录、健康信息（包括身体健康、心理健康）、小学生综合素质评价手册、成长笺、日记、电子学生证采集的信息（学生在校行动轨迹，如进出学校）等。
- ➢ 教师数据：教师基本信息、年度考核表、教师档案数据等。
- ➢ 教育教学数据：教学年度工作的计划和总结、教研组和年级组教学计划及总结、课程安排和课程表、教学质量分析、考试试卷分析、教学工作检查、教科研工作计划和总结、自编教材、教师备课教案、课堂教学、批改作业、辅导学生等。

- 学校组织的活动数据：体育比赛、军事训练活动、文艺活动、志愿者活动、社会实践活动等。
- 家校数据：家长会、家访、家教委员会活动记录等。

2. 家庭

家庭的数据包括家长、学生和家庭的数据。

- 学生数据：身份信息（身份证、出生证明）等。
- 家庭成员数据：家庭成员基本信息，包括父母及其他家庭成员。
- 家庭教育数据：思想教育、学业辅导等。
- 家庭活动数据：体育活动、旅游等。

3. 教育部门

教育部门的数据包括学校、学生、教师、各类活动的数据。

- 学校数据：学校基本信息等。
- 学生数据：学生基本信息、学生学籍等。
- 教师数据：教师基本信息等。
- 活动数据：体育竞赛、文艺演出、学业水平测试等。

4. 相关部门

相关部门的数据包括健康医疗、保险、体育、文艺等机构的数据。

- 健康医疗机构数据：学生医疗、健康、体检、疫苗接种等，如住院记录、门诊记录、体检报告等。

- 保险机构数据：学生医疗保险等。
- 体育机构数据：学生体测成绩、体育比赛成绩等。

5．社会

社会的数据包括源自培训机构、社会团体组织的数据。

- 培训机构的培训信息，如音乐、美术、体育培训等。
- 社会团体组织的活动信息，如志愿者活动、社会实践活动等。

2.2 小学生成长数据的特点

在大数据时代，小学生成长数据的格式类型多样，数据量呈几何级数增长。同时，大量的小学生成长数据具有现时和潜在的利用价值。利用长期积累和保存的海量的小学生成长数据，能够分析挖掘更有价值的信息。本节论述小学生成长数据的九个特点。

2.2.1 海量性

2000年，数字存储的信息只占全球数据量的25%，另外75%的信息被存储在报纸、胶片、黑胶唱片和盒式磁带等传统媒体上。2007年，只有7%的信息被存储在报纸、书籍等传统媒体上，其余93%是数字存储的信息。2013年，非数字数据仅占不到2%。按照希尔伯特的说法，数字数据的数量每三年多就会翻一倍。进入21世纪，随着新一代信息技术的广泛应用，信息化日趋成熟，计算机、智能手机、数码相机等电子设备时刻都在生产小学生成长数据,如教学、健康、文体、校园安全监控等数据。我国小学在校生有一亿多人,按每个小学生年人均 10 张照片计算,照片总量就超过 10 亿张。小学生成长数据总量快速增长,已成为教育大数据的重要组成部分。

2.2.2 格式多样性

20 世纪 80 年代初的一份统计表明,计算机处理的数据中 85%属于结构化数据,非结构化数据只占 15%。到了 20 世纪 90 年代,非结构化数据也只占 20%左右。进入 21 世纪,非结构化数据的占比急速提高到 80%以上。小学生成长数据中仅有少量的结构化数据(表格数据、目录数据等),主要是非结构化数据,包括计算机与电子设备生成的数字数据和传统存储介质资料数字化生成的电子文件。非结构化数据的格式有文本格式(PDF、DOC、XLS、PPT、TXT、WPS 等)、图像格式(JPG、TIFF、GIF、PNG、BMP 等)、音频格式(WAV、MP3、MID 等)、视频格式(AVI、WMV、FLV、MPEG、RM 等)。不同格式的数据并不总是相互兼容的,例如,PDF 格式文件要使用 PDF 阅读器软件,CAJ 文件要使用 CAJ 阅读器。这种不兼容性不利于数据的标准化工作,给后续数字资源的开发利用也带来了巨大的挑战。

2.2.3 集合多样性

小学生成长数据集合呈现多样性。数据集合可以按照组成人员和机构(如个人、班级、年级、学校、家庭、学区、教育机构等)、时段(如日、星期、月、学期、学年、不同历史时期等)、学习科目

（如数学、语文、英语等）、各类活动（如体育活动、文艺活动、志愿活动、义务劳动）、数据格式（如照片、音频、视频）、归档类别（如小学生成长档案、教育教学档案）、用途（如入学、转学、毕业等）等方式来构建。各种数据集合可以相互叠加和交叉，如班级+学年+照片、个人+班级+学校+视频等。

2.2.4　高度分散性

小学生成长数据最明显的特征之一是高度分散性。小学生成长数据分散在学生、家庭、教师、学校、教育部门、相关部门和社会，即使是在学校，数据也分散在各个部门，被保存在不同属性的数据集合中。分散性也体现为数据被保存在不同的文件夹、不同的数据库、不同的存储介质、不同的系统中。数据的高度分散导致其难以被集中，这使得每个集合的数据都呈现不完整性。为了能够较全面地描述小学生成长过程，需要从高度分散的数据中，按照一定的规范尽可能地挑选出能够描述小学生成长过程的典型数据，并将其集中在一起组成较为完整的数据集，从而形成较为完整的小学生成长数据。

2.2.5　标准多样性

标准多样性是指学校、教育部门、档案部门以及家庭根据自身的实际情况，在小学生成长数据的管理过程中采用不同的标准规范。

目前，我国已出台的档案标准有 DA/T 31—2017《纸质档案数字化规范》、DA/T 77—2019《纸质档案数字复制件光学字符识别

（OCR）工作规范》、DA/T 22—2015《归档文件整理规则》、GB/T 18894—2016《电子文件归档与电子档案管理规范》、DA/T 92—2022《电子档案单套管理一般要求》、DA/T 82—2019《基于文档型非关系型数据库的档案数据存储规范》、DA/T 70—2018《文书类电子档案检测一般要求》、DA/T 46—2009《文书类电子文件元数据方案》、DA/T 50—2014《数码照片归档与管理规范》、DA/T 54—2014《照片类电子档案元数据方案》、DA/T 63—2017《录音录像类电子档案元数据方案》、DA/T 52—2014《档案数字化光盘标识规范》、DA/T 38—2021《档案级可录类光盘 CD-R、DVD-R、DVD+R 技术要求和应用规范》、DA/T 74—2019《电子档案存储用可录类蓝光光盘（BD-R）技术要求和应用规范》。

国际标准化组织（ISO）和国际电工委员会（IEC）构成了全球标准化的专门体系。作为 ISO 或 IEC 成员的国家机构通过各自组织设立的技术委员会参与国际标准的制定。ISO 和 IEC 技术委员会在共同感兴趣的领域进行合作。与 ISO 和 IEC 联络的其他政府和非政府国际组织也参与相关工作。目前已经发布的数据长期保存的重要国际标准有 ISO/IEC 18630:2023《信息技术 信息交换和存储的数字记录媒体 数据长期保存用光盘的质量判别方法和存储系统的操作方法》（*Information technology – Digitally recorded media for information interchange and storage – Quality discrimination method for optical disks and operating method of storage systems for long-term data preservation*）和 ISO/IEC 16963:2017《信息技术 信息交换和存储的数字记录媒体 数据长期存储用光盘寿命推测的试验方法》（*Information technology – Digitally recorded media for information* interchange and storage – Test method for the estimation of lifetime of optical disks for long-term data storage）等。

2.2.6 归档复杂性

小学生成长数据的归档涉及归档范围、归档格式、归档方式。归档所有者可以是教育部门、学校、家庭（包括家长、家庭成员、学生）、社会团体等机构。教育部门具有较严格的数据归档标准，有专业的档案管理人员。小学的数据类别多，相应的归档标准少，且缺少专业档案管理人员，归档难度大。家庭的数据因家庭不同而异，大多数家庭不知道或不清楚家庭的重要数据需要归档，即使有归档，也没有家庭数据归档标准。因此，亟待建立家庭数据归档的标准，或将一部分家庭数据交由学校归档。

培英小学建立了照片及音视频管理系统，数据归档范围由学校扩展到家庭。按照照片收集和归档规范要求，要求家长每学期至少提交 2 张孩子的典型照片（如生日、获奖、参加社会活动、参加比赛、个人才艺展示等），6 年至少提交 24 张照片，并在照片上标注学生姓名、身份证号、日期、地点、内容等。班主任每学年至少提交 2 张班级集体照（如社会实践活动、运动会、文艺演出等），毕业时提交全班毕业照，6 年至少提交 12 张照片。学校每学年提交 5～10 张学校活动照片，并在照片上标注活动时间、活动内容、主要人物等。音视频的提交要求参照照片。培英小学制定的照片及音视频归档的要求是可实施、可持续的。

2.2.7 系统依赖性

小学生成长数据的产生过程决定了其对系统（软件和硬件）的依赖性是贯穿于数据生命周期全过程的。小学生成长数据从产生到利用的各个环节均需要通过计算机等电子设备和软件来实现，这给数据管理带来了一定的挑战。由于各种类型和格式的小学生成长数据所使用的读取软件不同，当不同来源的小学生成长数据汇集在一起被使用时，读取设备对数据的可读性和设备之间的数据可交换性会给数据的查阅和利用带来很大的障碍。所有非结构化数据都需要专门的软件才能读取，数据库数据也需要专门的数据库软件才能读取。因此，对于系统、软件、存储设备、读取设备、接口的兼容性和可用性提出了很高的要求。

2.2.8 保存长期性

我国对保存和管理小学生成长数据的研究起步较晚。在 20 世纪 90 年代之前，限于当时的技术和设备，产生的小学生成长数据几乎都是纸质文件，数据量很少，对其管理和重视的程度也不够，这使得我国留存的小学生成长数据少，也没有建立相应的数据保存制度和规范。进入 21 世纪，信息技术的迅猛发展，尤其是智能手机的普以及智能手机的照相和摄像功能日趋强大，极大地促进了小学生成长数据的产生，家庭成为非常重要的数据来源。在受教育阶段，保存时间最早、最长的数据是小学生成长数据，数据保存时间可达数十年甚至上百年。毋庸置疑，父母及学生本人会长期保存这些成长数据，学校、教育机构也会将其作为重要的教育数据资源长期保存和利用。当小学毕业时，一些学校将每个学生的个人信息、学业成绩、个人照片、班级合影、学校重大活动照片和视频等数据保存在光盘上，一份交给学生和家长，一份留在学校。

小学生成长数据的保存涉及学生个人、家庭、学校和教育管理机构，保存长期性要求存储介质必须具有长寿命、安全、操作简便、兼容、低能耗的特性。如果存储介质未经实验证明可以长期保存，且未有相应的标准提供支持（国际标准、国家标准、行业标准、团体标准），则不能保证数据可以被长期保存，也不能保证数据可以被未来的设备读取。因此，在小学生成长数据保存前和保存过程中，应按照标准对存储介质的品质进行检测。

2.2.9　价值多样性

数据是 21 世纪最重要的资产之一，不同数据的资产价值衡量的方法和标准不同。有些数据的资产价值可以被计算并交易，但有些数据的资产价值很难被衡量，尤其是教育数据的价值往往难以被计算和衡量，有些教育数据甚至是无价的。小学生成长数据呈现价值多样性，其价值体现在真实记录了小学生的成长过程。只有少数数据是珍贵的、无价的，能够被长期保存下来，而大多数数据的价值是一次性的，无保存价值，故用过之后就不再保存。例如，延安保育小学的校友常英的自传小说《火焰》中，有我国十大国际友人之一的新西兰教育家、作家路易·艾黎在 1939 年为延安保育小学的师生拍摄的合影。当时的延安，照相器材极度匮乏，这张照片弥足珍贵，真实记录了 80 多年前延安保育小学的小学生们的精神面貌，这也是《火焰》中最具价值的照片之一。

小学生成长数据的价值不仅体现在单个数据的价值，更体现在整体数据的价值。随着大数据的出现，数据总和比单个数据更有价值。一所小学的整体数据要比一个学生的个人数据更有价值，从一所小学数十年前的学生基本信息和健康信息中仍可以获得大量有价值的信息。在大数据时代，数据就像是一个神奇的钻石矿，在其首要价值被发掘之后仍能不断地产生价值。

2.3 小学生成长数据的分类

小学生成长数据的科学分类是对小学生成长数据实施前端控制的前提和关键，是小学生成长数据智能管理的关键。本节提出小学生成长数据的基本分类方案和分类方式，但这仍需要在实践中不断地改进和完善。

2.3.1 分类方案

在小学生成长数据的形成、积累过程中，要根据数据的内容和性质进行分类。可根据需要设置一级至 N 级类目，类目级别一般不超过 6 级，如图 2-1 所示。可按层级方式来组织分类方案和管理小学生成长数据。数据形成单位可以是学生个人、家庭、学校和教育管理机构。当家庭作为形成单位时，可将小学生姓名/身份证号作为一级类目，时间作为二级类目，地点作为三级类目。

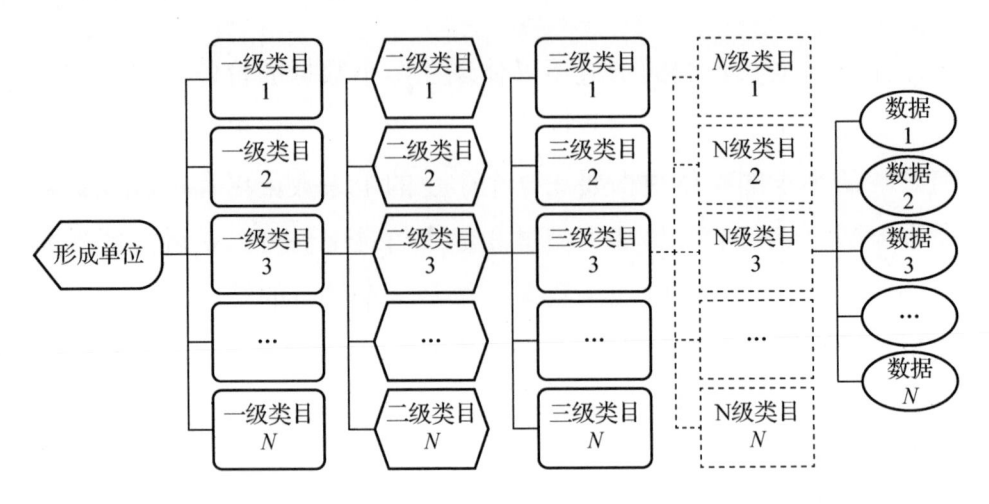

图 2-1　小学生成长数据分类层级结构

2.3.2　分类方式

小学生成长数据有多种分类方式，可按照数据类型、数据集合、是否归档、成长维度、保存时间、时间维度等进行分类。

➢ 按数据类型分类，小学生成长数据可分为结构化数据和非结构化数据。结构化数据是能够用统一的结构加以表示的数据，或者说能用二维表结构进行逻辑表达的数据，如学生通讯录、学生管理卡片、心理健康成长记录表、学籍信息等。非结构化数据是不能用数字或者统一的结构表示的数据，或没有固定结构的数据，这些数据不能用二维表存放，如小学生成长电子档案、电子文件、图像、照片、音视频等。

➢ 按数据集合分类，小学生成长数据可分为学生个人数据、家庭数据、班级数据、年级数据、学校数据、学区数据、县区教育机构数据、省市教育机构数据、全国教育机构数据、其他机构（如健康医疗机构、体育机构）数据等。

- 按是否归档分类，小学生成长数据可分为归档数据和不归档数据。归档数据占比小，不归档数据占比大。不归档数据中有相当数量的数据有价值。归档数据保存时间长，不归档数据根据需求保存时间可长可短。例如，对于学校拍摄的体育比赛、文艺汇演等照片，从中挑选典型照片进行归档，大部分照片不归档；对于家庭拍摄的照片和视频，从中挑选出典型的照片和视频进行归档，大部分不归档，而被存储在手机、照相机中。

- 按成长维度分类，小学生成长数据可分为身心健康数据、学业进步数据、成长体验数据、个性技能数据等。身心健康数据包括身体健康数据、心理健康数据、行为健康数据，其中，身体健康数据有学生体能测试数据、卫生体检报告等，心理健康数据是用心理反应和行为反应两个指标来评估的，行为健康数据是根据学生的学习行为、课余行为两个指标来评估的。学业进步数据主要记录学生学科学习的状态与结果，如学业水平、学习动力状况等。成长体验数据主要记录学生参加校内外各类活动体验的情况，如图书阅读情况、参加校内外各类主题活动的情况等。个性技能数据主要记录学生的兴趣爱好、特长发展情况，如兴趣活动、社团活动等。

- 按保存时间分类，小学生成长数据可分为短期数据、10年数据、30年数据、50年数据、永久数据等。

- 按时间维度分类，小学生成长数据可分为学期数据、学年数据、多年数据（如从入学到毕业的6年数据）、历史数据等。

第三章 数据的收集与处理

数据的收集与处理影响数据的完整性和全面性,数据的完整性和全面性与数据的分析结果密切相关。数据清洗与处理的质量和结果直接影响数据的质量和数据的价值。本章围绕数据的收集与整理、数据的质量、数据的处理进行论述,探讨数据的价值,提出数据汇聚整合的方法和档号编制规则。

3.1 数据的收集与整理

当前,人们逐渐意识到了数据的价值和重要性,并有意识地收集数据,同时,数据收集、整理和管理的技术有了很大的提高。本节主要论述数据收集和整理相关的内容。

3.1.1 数据收集

数据收集的前提是有"源泉",也就是要有记录的数据和存放数据的载体。20世纪80年代之前的小学数据鲜有留存,20世纪80年代开始积累,但是归档的资料不多。因此,在研究一所小学的发展历史时,难以收集到系统的、有价值的历史资料。培英小学与大多数20世纪50年代建立的小学一样,多以"片段回忆"的方式收集学校的过往轨迹。

以前,数据收集一旦完成,数据就会被认为没有用处了。例如,小学生毕业之后,考卷数据就没有用了。因此,在很长一段时间内,小学很少积累这类学生数据。

模拟时代的数据收集极其耗时耗力,新问题的出现通常要求我们重新收集数据。在一些方面,小学依然没有意识到需要拥有收集更大规模数据的能力,而认为只能收集到少量信息,这导致还是在信息匮乏的情况下去做事情。过去,因为记录、存储和分析数据的工具不好,只能收集少量的数据进行分析。为了让分析变得简单,会把数据量缩减到最少,而没有意识到这只是在当时的技术条件下的一种人为的限制。如今,技术条件已经显著改善,可以处理的数据量已经大大地增加,而且会越来越多。数字化的到来使得数据管理的效率又向前迈出了重要的一步。数字化将模拟数据转换成计算机可以读取的数字数据,方便了数据收集,从而大大提高了数据管理的效率。过去需要几年时间才能完成的数据收集,现在只要几天、几小时甚至几分钟就能完成。

随着信息技术的进步，小学越来越重视从各种渠道收集数据，包括教育教学、教师、学生、各类活动的信息，以及国内外小学教育的数据。

教育机构、学校及其他机构是按照相应标准来收集数据的。家庭收集数据具有随意性，一般是根据学校的要求来收集数据，如学校要求家长每学期提供若干张学生的照片。数据收集的方式包括线上和线下。线上收集可以采用 Web 系统，也可以利用学校微信公众号，如家长通过微信公众号提供的 Web 前端系统页面上传照片。学生信息由各班班主任在系统后台录入，学生信息绑定家长微信号，由班主任在系统后台对家长身份进行审核，审核通过后，家长方能上传数据。

3.1.2 数据整理

数据整理是对调查、观察、实验等研究活动中所搜集到的数据和资料进行检验、归类编码和数字编码的过程。数据整理是根据统计研究的任务和要求，对统计调查搜集到的大量原始资料进行审核、分组、汇总，使之条理化、系统化，从而得出能够反映总体综合特征的统计资料的工作过程，且包括对已整理过的资料（包括历史资料）进行再加工。

培英小学为了调查分析全校学生的视力改善状况，把连续 10 年的视力数据整理到一起，同时，对错填和漏填的视力数据进行订正，形成一张连续 10 年的学生视力变化图。将视力状况分为好视力、边缘视力、不良视力，按年份、年级、班级、全校范围来统计左眼和右眼的视力。对整理后的视力数据进行分析，进而找出视力变化的原因和应对措施，以改善学生的视力。

3.1.3　归档文件的整理

我国小学的学生规模不同，既有数千人的学校，也有数百人、数十人的学校。各学校档案室的条件差别很大：有的学校档案室面积超过 100 平方米，有的学校不足 10 平方米；有的学校使用密集架有序摆放档案，有的学校使用铁皮柜或纸箱无序堆放档案。大多数小学没有档案人员编制，鲜有专业的档案管理人员，一般是安排教师或行政人员轮流兼职负责档案管理，且他们缺乏档案管理的基本知识和操作规范。小学档案数据是教育数据的重要组成部分，也是小学生成长数据的重要组成部分。数据驱动教育发展，档案数据起着十分重要的作用。因此，小学应高度重视档案数据的利用，首要的是做好归档文件的整理，按照档案行业标准 DA/T 22—2015《归档文件整理规则》，结合小学的实际，制定可行、可落地的归档文件整理方案，主要包括以下内容。

- ➢ 提出归档文件整理的总体规划，并使其能与纸质档案数字化、电子文件归档、电子档案管理工作衔接。
- ➢ 根据资金、人力、物力情况提出归档文件整理的分阶段实施计划。
- ➢ 归档文件整理的人员应以教师和行政人员为主、外聘技术人员为辅，外聘技术人员的主要任务是培训和示范。
- ➢ 提供技术资料，做好技术培训和技术示范，按照档案管理标准做出实用的模板，给出具体的案例。
- ➢ 提供简便快捷的归档文件整理的技术和方法，让教师和行政人员易于掌握，从而高效率、高质量地完成归档文件的整理工作。

> 在归档文件的整理过程中，做好流程管理，定期检查质量，做好验收工作，做到不返工。
> 使学校档案工作成为一项可持续的经常性工作，每年上半年完成上一年的归档文件整理。

3.2 数据质量

对"小数据"而言，关键要点是减少错误，保证质量。因为收集的信息量少，所以必须确保记录的数据尽量精确。在采样的时候，对精确度的要求更高、更苛刻，因为有限的数据量意味着细微的错误都会被放大，甚至有可能影响整体结果的准确性。然而，对大数据而言，则需要与各种各样的数据混乱作斗争。数据混乱，简单地说就是随着数据量的增加，错误率也会相应增加。例如，某小学在10年内，全校学生视力检查33804眼次（左右眼各算1次），其中，2眼次（右眼）的值错填为0，占检查总眼次的0.006%，220眼次的值漏填，占检查总眼次的0.65%。按有值记录数来计算，右眼视力平均值为4.81，按学生总人数来计算，右眼视力平均值为4.78，两者误差为0.03，误差率为3.82%。但对于错填的学生本人来说，视力值为0，影响就很大，因此，不允许出现这种数据质量错误。

数据质量影响数据价值，还直接影响数据的查找和利用。小学生健康数据包括上百项数据，是目前标准化程度高、易于挖掘、具有较高价值的一类小学生成长大数据，但是，漏填、错填、错选和错编的数据仍占一定的比例，如性别、出生日期、检验数据等。电子文件、照片、视频的题名、时间、地点错编仍时有发生。电子文件关键信息的光学字符和符号（OCR）识别的准确率均会影响全文检索的命中率，也会影响数据的质量。因此，对于重要电子文件进行 OCR 识别时，要对识别结果进行人工校对，以提高准确率。

采用软件对数据质量进行控制（如空项检索）可以找出漏填数据。检索电子档案原文容量大小可以查出未导入或未挂接的电子档案原文。对日期进行统计分析可以查出没有数据的月份、年份等。

采用逻辑校验可以对数据质量进行控制。总费用大于或等于分项费用之和，逻辑校验程序为：总费用≥分项费用之和。入学年龄大于或等于 6 周岁，逻辑检验程序为：年龄=入学日期-出生日期，年龄（整数）≥6。在校天数用入学日期与离校日期来计算，逻辑检验程序为：在校天数=入学日期-离校日期，在校天数>0。入学日期不晚于离校日期，逻辑检验程序为：入学日期≤离校日期。

在由"小数据"向"大数据"转变的过程中，对信息的一些局限性必须给予高度的重视。例如，数据的质量可能会差，数据可能是不客观的，数据可能存在分析错误或者具有误导性，甚至有时数据可能达不到量化的目的。错误的前提会导致错误的结论。大数据会让这些问题高频出现，或会加剧这些问题导致的不良后果。

质量、共享开放和安全是数据的三大关键词。质量是前提，高质量的数据流通才有价值，劣质的数据甚至可能诱发错误的决策，造成治理失误。值得注意的是，部分数据的质量不高成为制约共享开放的卡脖子问题。目前，原始数据质量普遍不高，可读性和可用性不强，数据冗余、重复存储的问题仍然较突出，不仅不能满足需求，还占用了系统的存储与算力空间。

3.3 数据清洗

数据清洗能够有效地提高数据质量，使数据可信。本节阐述数据清洗的基本原则，介绍需要清洗的常见数据错误，提出数据清洗的方式。用户可以根据数据的具体状况，编写相应的应用程序进行数据清洗。

3.3.1 数据清洗的基本原则

数据清洗的基本原则主要包括以下几个方面。

- 清洗后的数据可信，其评价指标包括可用精确、完整、有效等。
- 清洗后的数据可用，即数据可检索、分析挖掘和利用。
- 数据清洗是涉及数据的任何项目（如存储、输送和计算等）的最基础的工作，需要投入大量的时间、人力和物力，相关的成本要占到实际成本的一半以上。数据清洗必须考虑成本和技术，数据清洗的成本应低于利用的价值。
- 应制定数据清洗的标准，按照标准进行验收。

3.3.2 数据清洗的内容

需要清洗的常见数据错误包括以下几种。

- 错误值，包括逻辑错误、错填、错选等。例如，学生基本信息表中的身份证号不足 18 位；体测值出现负数或出现特殊符号；视力检查表中的视力值为 0；在学生基本信息表中错填民族、错选性别等。

- 缺失值，包括漏填、漏选等。例如，漏填视力检查表中的视力值项，漏选学生基本信息表中的性别项。
- 重复值或重复信息。例如，学生名册中的身份证号重复。
- 异常值。例如，体检表中的身高值过高、体重值过重，体测成绩超出正常范围。
- 数据类型错误。例如，学校文书档案和教育教学档案中的页数（数值）出现文字。

3.3.3　数据清洗的方式

数据清洗可以分为手工清洗、半自动清洗和自动清洗三种方式。

- 手工清洗是指通过人工方式或使用简单的软件工具（如 Excel 自带的功能）对数据进行检查，对数据中发现的错误通过手动的方式逐个或批量进行修改。这种方式比较简单，容易掌握，但人工成本高，效率低，一般用于数据量较少的情况。在数据量较大的情况下，不可采用手工清洗。
- 半自动清洗是指通过专门编写的计算机应用程序以及人工干预进行数据清洗。这种方法用于解决特定的问题，在清洗过程中，修改错误需要一定的人工干预。例如，针对某小学的视力检查结果，通过空项查找（耗时仅数毫秒）在 33804 眼次中发现了 2 眼次的值为 0，修改数据花费了数分钟；发现漏填 220 眼次的值，修改数据花费了数小时。这种方式的特点是用程序快速查找出错误，但修改错误需采用人工方式，用时多，效率低。错误少时可用，但错误多时不可用。

> 自动清洗是指通过专门编写的计算机应用程序进行数据清洗,并自动修改错误。这种方法用于解决特定的问题,且不需要人工干预,可用于大、中、小各种规模的数据量。

3.4 数据处理

人们在作决策时都习惯于建立一个预设的立场,且用于决策的信息必须是少量、精确和至关重要的信息。但是,当数据量变大、数据处理速度加快,且数据变得不那么精确时,预设的立场就不复存在了。由于数据量庞大,最终作出决策需要依赖计算机。

数据来源多,数据格式不一致,这会造成数据的混乱。要实现格式一致,就需要仔细清洗数据后再处理数据,但这在大数据背景下很难做到。小学生成长数据就是这种情况,其来源多,数据格式不一致,因此在提取和处理数据时,也会发生混乱。

在数据使用和分析挖掘的过程中,需要把有些电子文件从一种格式转换为另一种格式,把有些数据从一种格式转换为另一种格式,还需要把有些数据从一种数据库转存到另一种数据库中。

档案数据的处理,不仅要对文件进行整理、著录,还要对录入数据库的电子档案原文进行校验。为了确保归档信息的正确性和完整性,需要用数据处理流程来杜绝人工操作带来的不可避免的错误和遗漏。在充分了解档案信息特点(包括格式、层级逻辑关系、档号、文件名的字符规律等特点)的基础上,开发出尽可能减少人工干预的处理程序，这不仅能提高效率，保证数据的完整性，还能利用档案数据的特点发现电子档案原文存在的错误，从而进行校验与订正。

传统的关系型数据库产生于数据少的时代。但在大数据时代，海量数据中只有较少的一部分符合预先设定的数据种类，因此，只有在收集和处理数据的过程中才能弄清楚数据种类。大数据为非关系型数据库的发展提供了机会，因为非关系型数据库不需要预先设定记录结构就能够处理大量不同类型和格式的数据。拥有数据分析的工具和必要的设备才能在多个领域更快、更大规模地进行数据处理。

许多未经处理的数据被存储在表格里，如小学生家长提供的问卷中存在未按规定提交的数据。只有对这些数据进行处理，才能从中获取有价值的信息。

数据质量受各种因素的影响。不同来源的数据的质量不同，需要针对不同来源的数据采用相应的处理方法，以及使用相应的处理软件进行处理，这使得数据处理变得相当复杂。"数据如水"的特性也体现在数据处理上，处理不同来源的"数据"（如学生基本数据、学业数据、德育数据、健康数据等）与处理不同来源的"水"（如降水、地下水、地表水、工业污水、生活污水等）相似。只有将不同来源的"数据"按相应的标准处理后，才能"流入"存储数据的基础设施。

处理海量数据不可避免地会导致部分信息的缺失。根据 DA/T 77—2019《纸质档案数字复制件光学字符识别（OCR）工作规范》，对档案的中文、数字、英文印刷体的识别准确率应在 95% 以上，在需要快速获得结果的情况下，允许一定程度的数据"损耗"，也就是说，允许不超过5%的识别错误。

视频数据的信息量非常大，利用图像识别技术对视频数据进行处理和分析从而挖掘其价值就显得尤为重要。例如，学校监控会产生大量的视频数据，其可被用于整治校园内的各种违规行为，通过图像识别技术对视频数据进行处理分析后，能在几秒内发现违规行为，这极大地方便了学校的整治工作。

3.5　纸质文件数字化

数据处理是一项浩大的工程，包括纸质文件和纸质档案的数字化处理。利用数字技术可以将模拟数据转换成计算机可以读取的数字数据，这大大降低了数据管理的成本，提高了数据管理的效率。过去需要几年时间才能完成的数据收集工作，现在只需要几天、几小时，甚至几分钟、几秒钟就能完成。

利用扫描仪将纸质文件数字化只是获得了数字图像，这些图像只有依靠人的阅读才能转化为有用的信息，因此，还需要将数字图像中的数字文本进行数据化。通过能识别图像的光学字符识别软件来识别数字文本中的字、词、句和段落，这就将数字图像转化成了数据文本。如今，不仅人类可以使用这些文本信息，计算机也可以处理、查找和分析这些文本信息。由此可见，数字化与数据化是有本质差异的。

《纸质档案数字化规范》《纸质档案数字复制件光学字符识别（OCR）工作规范》等标准规定了纸质档案数字化，以及从数字化到数据化的技术要求：文字类文件和图纸采用彩色扫描；文字扫描分辨率≥300dpi，图纸扫描分辨率≥200dpi；图像文件应清晰、完整、不失真、不发生变形，不影响图像的利用效果；图像的倾斜度不超过1%；在不影响档案真实性的前提下可利用数字化加工软件对扫描图像进行图像拼接、旋转、纠偏、裁边等处理；档案OCR对档案中文、数字、英文印刷体的识别准确率应在95%以上。

目前，小学纸质文件和纸质档案的数字化程度较低，大量留存在纸质文件和纸质档案上的信息无人知晓。有些甚至都没有目录，要根据当事人的记忆去查找。当这些当事人离去后，这些信息就变成了"僵尸"信息，如学校历史记录、考卷、学生评语、研究报告、科研成果等。

3.6 数据的价值

作为大数据时代的关键生产要素，数据正在释放巨大的价值，采用大数据的理念和方法是通往未来的必然选择。

有些事物或事件不被认为是数据，不被认为可以从中提取信息并转化成有用的数据。创新应用会发掘这些信息独特的价值。

在保存数据时，需要判断数据的价值，不仅要考虑当前的用途，还要考虑未来可能被使用的各种方式。例如，2014年培英小学建立学校展室时，发现自1954年以来的60年里，留存下来的资料并不多，早期的资料更是非常少，甚至是空白。当时，除受限于技术条件的客观因素外，还有学校管理者的主观因素，即没有认识到记录学校发展足迹信息的重要性。如今，培英小学正在采取一系列的措施，在保存当下有价值的信息的同时，还保存对学校未来发展可能有价值的信息。

在基本用途实现后，数据仍然存在价值，只是处于休眠状态，存在再次利用的可能性。目前，学校管理者已经认识到小学生成长数据再利用的重要性和价值。例如，培英小学在2022年研究学生视力的变化情况时，再次利用2012年至2017年毕业生的视力数据，获得了全校不良视力率不断下降的结论。当前，学校管理者已经有了这种思维和创造力，利用数据保存和分析挖掘工具来释放数据隐藏的价值。这也说明，随着大数据的出现，数据的总和比数据的部分更有价值，当把许多学生的视力数据集总和放在一起时，总和的价值比部分的价值更大。

随着数据保存成本的大幅下降，光盘能以超低能耗保存数据长达数十年甚至上百年，且数据可查找、易携带，这给家庭长期保存孩子的成长数据提供了可能。当孩子长大成人后，结合小学时期的成长数据与之后的发展数据，就能勾画出人生的轨迹。

数据的价值不仅是单一用途的价值，而是所有可能用途的价值总和。不同用途的价值是数据的"潜在价值"。毕业证就是很好的例子，在升学、就业、评定职称等不同场合，毕业证的用途不同，价值也不同。

随着时间的推移，大部分数据会失去基本用途或失去价值，不再有保存的价值，应当可以删除。这就面临一个挑战，即判断哪些数据不再有价值及如何进行判断。GB/T 18894—2016《电子文件归档与电子档案管理规范》提出，归档电子文件保管期限可分为永久、30 年和 10 年等。那么，是否可以依据保管期限来判断数据的保存价值呢？对于学校监控视频而言，由于受存储容量的限制，只使用当时有价值的视频数据，这就需要不断地更新和淘汰以前的视频数据。然而，并非所有的数据价值都会降低。有些单位会根据实际需求，尽可能长时间地保存数据，即使相关的规范对数据的保管期限有明确的规定。

在大数据时代，小学生成长数据在收集时无意用于其他用途，学校也无法告知学生和家长未来的用途，而以后却产生出有创意的用途。因此，学校和家长应尽可能多地收集学生的成长数据，尽可能长期保存学生的成长数据，以便在未来挖掘其价值。数据价值的关键不是拥有数据，而在于使用数据。例如，家长可以用孩子的成长数据教育孩子，使孩子明确今后的努力方向。

3.7 数据的汇聚整合

大量的数字设备产生了各种类型和格式的数据，包括照片、语音、汇报、总结、报表、图片等，且越来越多，这给数据管理、存储、检索和利用带来很多的困难，主要表现在以下几个方面：难以按照内容对数据进行分类存储；难以按照内容整理数据；难以准确、及时、全面地提供所需要的信息；难以快速查找和调取所需内容的数据；难以统一管理数据；难以制定方便和简洁的数据分类存储规则。

对数据进行汇聚整合是有效的数据管理方法。建立汇聚整合数据库，将各种格式的数据批量导入数据库，并根据需求，通过检索分类和选择所需的数据，输出到分类数据库，然后从分类数据库将数据批量输出到指定的文件夹，将文件名输出到 Excel 表。另外，同一个数据可以分属不同的类别。汇聚数据并建立数据关联是进一步发挥数据价值的基础。

3.8 档号编制规则

本节根据培英小学档案的具体情况，提出小学编制档号的基本要求和档号结构，给出教育教学和文书的档号示例。各小学可根据自己的实际情况，制定相应的档号编制规则。

3.8.1 基本要求

小学编制档号的基本要求如下。

- ➢ 按照 DA/T 13—2022《档号编制规则》的规定执行。
- ➢ 档号能唯一标识任意一件电子档案或纸质档案。
- ➢ 以档号作为电子档案的命名要素时，计算机文件名能在计算机存储器中唯一标识、有序存储任意一件电子档案及其组件。
- ➢ 根据小学的实际情况编制档号。

3.8.2 代码

教育教学和文书档案的类别代码见表 3-1。保管期限代码见表 3-2。

表 3-1　教育教学和文书档案的类别代码

档案门类	代码	二级类别	代码
教育教学	JY	德育	DY
		教学	JX
		体育	TY
		卫生	WS
文书	WS	党务工作	DB
		行政	XZ
		工会	GH
		总务	ZW

表 3-2　保管期限代码

保管期限	代码
10 年	D10
30 年	D30
永久	Y

3.8.3 按卷整理档案的档号结构

按卷整理档案的档号结构中，类别号的构成元素包括一级类别号（档案门类代码）、二级类别号、三级类别号、目录号、项目号、年度、保管期限代码、案卷号、件号。其结构按相关规定或根据实际需要确定，见如下示例。

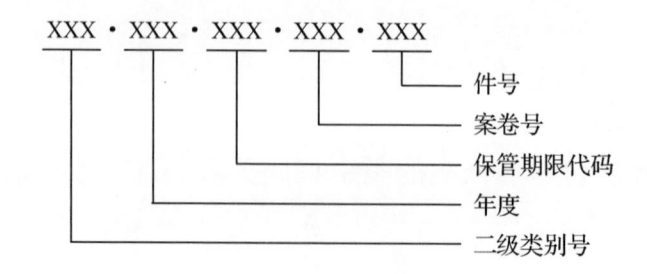

```
XXX·XXX·XXX·XXX·XXX
          │   │   │   │   └─ 件号
          │   │   │   └──── 案卷号
          │   │   └──────── 保管期限代码
          │   └──────────── 年度
          └──────────────── 二级类别号
```

3.9 编目

档案编目的基本要求如下。

➢ 电子档案与纸质档案同步编目。

➢ 采用文件级档号或唯一标识符作为要素为电子档案及其组件命名，同时更新相应的计算机文件名元数据。

➢ 按照 DA/T 18—2022《档案著录规则》的要求对电子档案、纸质档案做著录，规范、客观、准确地描述主题内容与形式特征。

➢ 完成整理编目后，将电子档案及其元数据、纸质档案目录数据归入电子档案管理系统，并按要求分类存储电子档案及其组件。

CHAPTER 4

04 第四章
电子文件归档

在大数据时代，电子文件的数量快速增长，电子文件的分析挖掘和利用逐渐从依赖抽样数据、局部数据和片面数据转变为使用全面数据、完整数据和系统数据。因此，电子文件的归档范围随之扩大，保管期限也随之延长，数据格式的种类也在增加。根据小学的实际情况，本章探讨小学电子文件的归档范围和保管期限、归档格式、归档方式、元数据归档等内容。

4.1 电子文件归档范围

学校数据管理信息系统具备电子文件管理及归档的功能，能够对电子文件的流转进行有效的控制，并能在形成、流转的过程中及时跟踪、检查和补充。

《"十四五"全国档案事业发展规划》提出，大力推进"增量电子化",促进各类电子文件应归尽归,电子档案应收尽收。学校可以按照学校归档范围和保管期限的规定对电子文件进行归档。学校应尽可能多地收集数据,在条件允许的前提下,尽可能地长期保存数据,以便未来挖掘其价值。这里列出了文书文件和教育教学文件的归档范围和保管期限以供参考,分别见表4-1和表4-2,各学校可根据实际情况进行调整优化。

表4-1 文书文件的归档范围和保管期限

类 别	归档文件范围	保管期限
党务工作	党支部工作计划、总结、会议记录、报告等	永久
	党支部换届、选举材料,以及上级批复等	永久
	党支部成立工作流程图	永久
	党内统计报表、党员名册	永久
	市区主管部门有关党务工作的指示、通知等	永久
	纪检工作材料	永久
	廉政建设、中央八项规定相关的材料	永久
	发展新党员(包括申请、批准、转正、延长等)的材料	永久
	党员基本信息材料	永久
	评选优秀党员的有关资料	永久
	党员处分情况的材料	永久
	党员转出转入介绍信存根	永久
	党费收支情况	30年
	党支部活动资料	30年
	党员民主生活会、党员评议、群众谈话记录等材料	30年
	党员先进性进一步整改措施材料	30年
共青团、少先队	共青团区委、教育主管部门有关共青团工作的通知等	30年
	少先队工作报告、工作计划、总结等	30年

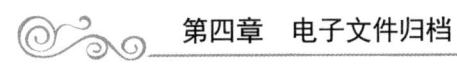

续表

类　　别	归档文件范围	保管期限
共青团、少先队	少先队代表大会相关材料	30年
	少先队工作委员会的通知等	30年
	十佳少年评选相关材料	30年
	队籍表	30年
学校基本信息（行政）	学校基本情况表	永久
	学校建制、改名、合并的文件	永久
	学校印章启用、废止的相关资料	永久
	法人年检、法人更换、年度报告表、资产负债表等材料	永久
	学校组织设置、组织机构沿革相关的资料	永久
	法律纠纷、判决等相关材料	永久
	行政复议相关的材料	永久
	教学班数、班额情况的材料	30年
	风险防控项目的材料	30年
大事记、会议、活动（行政）	学校大事记	永久
	行政会会议记录、纪要	永久
	行政管理（含校务、政务、财务公开）工作中形成的决定、决议、报告、计划、总结等	永久
	重要会议和专题讨论会的报告、总结等	永久
	学校发展规划	永久
	学校工作计划、各部门计划、报告、总结、工作安排	永久
	校庆、开学典礼、毕业典礼、国旗下讲话等相关的材料	永久
	教代会、教职工大会相关的材料	永久
	体育、艺术、科技节活动相关的材料	永久
规章制度（行政）	学校制定的各项规章制度	永久
	档案、机要、保密等工作的文件	永久
	校歌、校训、校风、教风、学风、办学目标、办学思想、培养目标、办学特色	永久

续表

类　　别	归档文件范围	保 管 期 限
规章制度（行政）	教学改革的文件、方案	永久
	事业单位岗位指标核定单	永久
	经费发放及公务出行管理办法	永久
	教师职业道德考核办法	30年
	考勤、奖惩制度	30年
	领导干部职责	30年
	教职员工岗位职责	30年
	量化管理工作细则	30年
	师德师风管理制度	30年
	校务公开制度	30年
	教师行为规范	30年
	学生行为规范	30年
	学生食堂财务管理暂行办法	30年
	学生集体外出管理办法	30年
	教育科研成果评选与奖励办法	30年
	教师绩效奖励激励机制和分配方案	30年
人事工作（行政）	干部任免、任命书	永久
	干部、教职工聘任材料	永久
	教职工编制、核定编制、岗位设置相关的材料	永久
	机构设置及领导班子成员基本情况相关的材料	永久
	干部统计材料	永久
	任职公示	永久
	人事变动材料	永久
	教职工名册、登记表	永久
	教职工调离材料	永久
	教职工离退休名册	永久
	离职、人员腾退相关材料	永久
	技术职务任职资格材料	永久

续表

类　别	归档文件范围	保管期限
人事工作（行政）	技术职称评审、评定材料	永久
	专业技术职称汇总表	30 年
	年级组、教研组名单	30 年
	教职工分工表	30 年
	职称制度改革过渡人员名单	30 年
	职称评定优秀等级名单	30 年
	岗位责任协议书	30 年
	任课教师登记表	30 年
	教师任课表	30 年
工资、补助、奖励、劳务费用（行政）	工资标准、工资发放、补贴等相关的材料	永久
	预算编制相关的材料	永久
	社会保险相关的材料	永久
	福利待遇相关的材料	永久
	获奖奖励、奖励申请相关的材料	30 年
	外聘人员费用相关的材料	30 年
	专家、劳务费用相关的材料	30 年
干部、教职员工的业绩（行政）	表彰大会的先进名单、登记表、先进事迹、代表名单、光荣册	永久
	师德文件	永久
	干部教师述职、考核、业绩相关的材料	永久
	论文及论文获奖相关的材料	永久
	编写的教材	永久
	培训资料汇编	永久
	业务培训资料、培训证书、培训名单	永久
	学习体会、心得	30 年
	督导自评	30 年
	师德先进个人登记表	永久
	电教、后勤教师情况评分表	30 年

续表

类　　别	归档文件范围	保 管 期 限
干部、教职员工的业绩（行政）	教师工作量化表	30 年
	教职工奖励、表彰相关的材料	永久
	教职工违反纪律、检查相关的材料	永久
学生（行政）	各项比赛、排练、名单、奖励相关的材料	30 年
	在校生基本情况	永久
	毕业生名单	永久
	在校生其他情况	永久
	外国籍学生相关的材料	永久
	港澳台学生相关的材料	永久
	特殊教育学生相关的材料	永久
	辍学、流动情况	永久
校园建设（行政）	微信公众号相关的材料	30 年
	学校刊物稿件（校刊、校报等）	永久
	校内外媒体报道	永久
	信息化建设相关的材料	30 年
	中小学数字校园建设指导意见	30 年
	档案移交相关的材料	永久
	家校工作（如家长反映意见）相关的材料	30 年
上级机关、外单位、外事、港澳台工作（行政）	学校向上级单位报送的有关行政工作的请示、报告及上级批复	永久
	上级单位有关行政工作的指示、通知、通报、规定等	永久
	上级视察、调研相关的材料	永久
	与外单位签订的合同、协议、纪要	永久
	外事工作相关的材料	永久
	港澳台工作相关的材料	永久
审计、财务（行政）	审计文件、报告	30 年
	审计整改措施	30 年
	财务相关的文件、计划、预算	30 年
	收费情况	30 年

续表

类 别	归档文件范围	保管期限
工会	工会成立、换届的请示、批复及有关资料	永久
	工会工作计划、总结、报告等	30 年
	工会组织举办的重大活动方案、请示、上级批复及活动举办情况	永久
	教职工代表大会提案	永久
	教育工会授予集体、个人的荣誉证书	永久
	三八红旗手光荣册	永久
	工会会员名册	永久
	工会会员转入转出登记册	永久
总务（后勤安保）	后勤服务规范管理制度	永久
	后勤工作年度计划、总结	10 年
	工程操作流程	30 年
	工程设计相关的材料	永久
	采购流程相关的材料	30 年
	安全工作年度计划、总结	10 年
	保安服务管理办法、通知	10 年
	安全管理制度及各类突发事件应急预案	10 年
	出国交流安全预案	10 年
	伤亡事故、突发事件相关的材料	永久
	消防责任险相关的材料	30 年
	安全管理示意图	10 年
	餐饮合同	10 年
	选择营养餐公司原因的存根	10 年
	校级膳食委员会会议通知、纪要	10 年
	食品安全管理文件	10 年
资产	固定资产管理文件	30 年
	财产物资管理制度	30 年
	固定资产管理（登记、统计、处置、清产核资、报废等）相关的材料	永久
	校舍、校产、房产管理相关的材料	永久

续表

类别	归档文件范围	保管期限
资产	物资采购计划	30年
	校舍改建说明及图纸	永久
	占地面积及其他办学条件相关的材料	永久
	资产工作交接相关的材料	永久

表4-2 教育教学文件的归档范围和保管期限

类别	归档文件范围	保管期限
德育	上级主管部门下发的有关教育工作的指示、决定、批复、批转通知、计划、规定、制度及会议文件	永久
	教育（德育）工作计划、总结，德育自查报告	永久
	德育管理制度	永久
	文明校园、优秀集体、优秀班主任及班主任工作站相关的材料	永久
	共建文明生态活动相关的材料	30年
	社会实践活动相关的材料	30年
	升旗仪式相关的材料	30年
	综合素质发展水平资料	30年
	艺术进校园活动相关的材料	30年
	科技节相关的材料	30年
	德育研讨相关的材料	30年
	班主任工作计划、总结	30年
	班主任表	30年
	先进班集体登记表	永久
	三好学生登记表	永久
	优秀学生登记表	永久
	推荐重点中学录取名单	永久
	获奖学生名单	永久
	大队委员改选登记表	10年

续表

类　　别	归档文件范围	保　管　期　限
德育	三好学生、大队委、红领巾奖章的评选材料	永久
	三好学生评选记录、教师意见表、推荐记录表	永久
	十佳少先队员候选人推荐表	永久
	科技学生获奖情况	永久
	家校活动相关的材料	30年
	家教委员会活动记录表	30年
教学	学校教学年度工作计划、总结	30年
	教研组、年级组教学计划、总结及活动记录	30年
	课程设置方案	30年
	课程安排和课程表	30年
	各学期教学质量分析报告	30年
	各学期各科成绩汇总表、记分册	30年
	考试试卷分析报告	30年
	自编教材	30年
	业务主管部门下发的通知	永久
	教学工作检查情况报告	30年
	校本课程纲要、教材、开发材料、培训记录及成果	30年
	教师教学竞赛获奖材料及情况统计表	30年
	教学工作会相关的材料	30年
	教科研工作计划和总结	30年
	上级业务主管部门下发的有关教学工作的指示、决定、批复、批转通知、通报、计划、规定、制度以及会议文件等	永久
学籍管理	学生名册	永久
	学生学籍卡	永久
	新生入学名单	10年
	随班就读学生名单	永久
	低保户学生名单	永久

续表

类　　别	归档文件范围	保　管　期　限
学籍管理	学生中途退学、休学、转学、复学、升留级记录，借读生批准登记表	永久
学籍管理	毕业生名册、毕业生考试成绩册（包括学业水平考试成绩册）、毕业去向及追踪调查材料	永久
学籍管理	学生毕业后发放文凭的存根，未毕业、肄业证书等	永久
学籍管理	中小幼衔接、督导等相关的材料	永久
学籍管理	上级业务主管部门下发的有关入学、升学、转学等教务工作的指示、决定、批复、批转通知、通报、计划、规定、制度及会议文件等	永久
体育、艺术、科技	体育、艺术、科技工作的计划、总结	30年
体育、艺术、科技	体育、艺术、科技等各项活动相关的材料	30年
体育、艺术、科技	体育、艺术、科技教学工作相关的材料	30年
体育、艺术、科技	运动会成绩册	30年
体育、艺术、科技	参加各级体育比赛取得破纪录成绩的项目名单、光荣册	永久
体育、艺术、科技	体育达标情况统计表	30年
体育、艺术、科技	体质健康测试结果	30年
体育、艺术、科技	体育、艺术、科技各项活动的相关请示、批复	30年
卫生	卫生健康工作的计划、总结	30年
卫生	学生健康情况年度分析报告	30年
卫生	学生视力统计表	永久
卫生	体质健康测试报告	永久
卫生	肥胖统计表	永久
卫生	睡眠统计表	永久
卫生	学生活动调查表、因病减免体育课统计表	30年
卫生	师生传染病发病和防治情况	30年
卫生	卫生健康主题教育相关的材料	30年
卫生	学校医疗、保健、卫生等工作报告	30年
卫生	师生重大疾病及相关救助文件	30年

4.2 电子文件的归档格式

电子文件采用符合国家标准的文件格式,有利于信息共享和长期保存。电子文件归档保存的格式见表 4-3。

表 4-3 电子文件归档保存的格式

文 件 类 别	格　式
文本（表格）文件	OFD、DOC、DOCX、XLS、XLSX、PDF/A、XML、TXT、RTF 等
图像文件	JPG、JPEG、TIFF 等
图形文件	DWG、PDF/A、SVG 等
视频文件	AVS、AVI、MPEG2、MPEG4 等
音频文件	AVS、WAV、AIF、MID、MP3 等
数据库文件	SQL、DDL、DBF、MDB、ORA 等
虚拟现实/3D 图像文件	WRL、3DS、VRML、X3D、IFC、RVT、DGN 等

4.3 电子文件的归档方式

电子文件归档采取在线归档或离线归档方式。如有相应的纸质档案,应在内容、格式、相关说明及描述上与纸质档案保持一致,且建立二者的关联关系。采取在线方式归档时,应在线自动收集电子文件,并自动分类,按需组卷归档。采取离线方式归档时,应将带有归档标识的电子文件复制至耐久性好的存储介质上。存储介质可依次选择光盘、硬磁盘等。光盘采用档案级可录类蓝光光盘。

电子文件归档时由学校档案部门进行检验，并填写《电子文件归档登记表》（参见 GB/T 18894—2016），待检验合格后再办理交接手续。

图像类电子文件、视频类电子文件应达到曝光准确、影像清晰的要求。图像类电子文件的分辨率应达到 300dpi 以上，视频类电子文件的像素应在 200 万以上。

4.4　电子文件元数据归档

可归档的电子文件元数据应与电子文件一并收集、归档。

文本类电子文件可归档的元数据包括但不限于：文件题名、文件编号、责任者、日期、保管期限、页数、密级等文件实体的元数据。

照片类电子文件可归档的元数据包括但不限于：题名、照片编号、摄影者、摄影时间、人物、地点、文字说明、保管期限等。

视频类电子文件可归档的元数据包括但不限于：题名、编号、摄像者、时间、人物、地点、有效时长、文字说明、保管期限等。

音频类电子文件可归档的元数据包括但不限于：题名、编号、录音者、时间、人物、地点、有效时长、文字说明、保管期限等。

CHAPTER 5

05 第五章
电子档案

小学档案管理是重要、长期的基础工作。随着小学档案的归档率不断提高,小学的档案工作已成为学校管理工作的重要组成部分。随着信息技术的发展,许多小学实现了办公自动化、数字化和网络化,产生的电子档案也越来越多。此外,纸质档案的数字化处理也形成了大量的纸质档案数字化副本。一些学校将信息技术应用于档案管理,利用数据库对档案数据进行存储和管理,使学校电子档案管理的水平大大提高。本章围绕小学电子档案的类别和电子档案管理系统的主要功能进行论述。

5.1 小学电子档案的类别

本节介绍小学电子档案的主要类别,重点论述小学生成长电子档案的作用、优点、基本要求和管理方式,介绍教育教学、文书、人事、数字化奖品、照片、音视频等电子档案的内容。

5.1.1 小学生成长电子档案

小学生成长电子档案是小学生成长过程中具有凭证、查考和保存价值并归档保存的电子文件。小学生成长电子档案记录小学生的成长历程，是学校电子档案的重要组成部分，能综合反映小学生在校期间德、智、体、美、劳全面发展的情况。

1. 小学生成长电子档案的作用

小学生成长电子档案记录了每位学生的表现，为学校管理提供了依据。对于小学生的发展而言，电子档案非常宝贵。对于教育的连续性而言，成长记录不可或缺，其能够展示学生的学习成果，记录学生的学习过程与成长过程。在大数据时代，学校立德树人需要小学生成长电子档案。小学生成长电子档案是一本成长日记，可以动态跟踪学生，综合判断一个学生的能力倾向，把握学生的心理变化状况，再现学生的发展过程，充分评估学生的实际发展水平。

学校管理团队和老师可以通过小学生成长档案了解学生的优缺点及发展的需要，学生则可利用档案记录纠错自省。电子档案能呈现学生自我纵向比较和同学间横向比较的结果，有助于形成家庭、学校、社会之间的立体教育空间，进一步发挥档案育人的作用，呵护学生健康成长。

小学生成长电子档案可以提高学生反省认知的能力。电子档案有助于对自我发展进行纵向比较，帮助学生进行自我反思，提高认知能力。学生可以自主选择提交个性化的材料，通过记录自己的特长和优势，激发学习积极性。这可以培养学生解决问题的综合能力，有效培养学生的反省认知能力。

小学生成长电子档案是学校和家庭之间沟通的桥梁。小学阶段是孩子性格和人生观形成的关键时期，利用小学生成长电子档案服务平台能够加强家校的有效沟通。电子档案是家长了解孩子、鼓励孩子的工具。小学生成长档案记录了学生的成绩、荣誉等情况和学生平日的点滴进步，甚至课堂上学生的精彩发言都可以被记录在其中。家长可上网浏览电子档案的内容，并发表看法，家校合力助力学生健康成长。

小学生成长电子档案是师生之间重要的交流方式。电子档案有助于同学之间的相互学习，取长补短，可以形成比学赶超的竞争氛围。小学生可以互阅电子档案或个人主页，个性化的内容构建了小学生的成长空间。这有助于学生自我成长。老师在电子档案中可以与学生互动，通过殷切的鼓励帮助学生成长。

2. 小学生成长电子档案的优点

小学生成长电子档案具有便捷性、集合性、相互性、简易性、永久性等优点。

便捷性。无论是在家中还是在学校中，学生都可以随时记录成功或失败的感受、学习心得和情绪体验，保存看到的好文章。电子档案的保存和记录可以采用线上或线下的方式。

集合性。可以收集、整理、存储和管理不同来源的小学生成长数据。

相互性。教师、家长、教育部门的有关人员在获得授权后，可以打开电子档案，关注学生，了解学生的发展情况，进行鼓励和评价。学生则可以获得指导与帮助。

简易性。小学生电子成长档案的数据上传、查找、读取等操作不需要专门的培训，容易学会，简便实用。

永久性。采用传统介质存储成长记录档案袋不利于其长期保存，采用长寿命存储介质（如光盘）可以长期保存小学生成长电子档案。

3. 小学生成长电子档案建立的基本要求

建立小学生成长电子档案的过程需要学校管理者、教师、家长、学生、相关技术人员共同参与。学校、教师、家庭和学生提出需求，技术人员设计和建立小学生成长电子档案管理系统。档案管理人员收集、处理、分类、整理数据，并进行著录、登记和归档，然后录入小学生成长电子档案管理系统。对于当时认为无存档价值的数据，不宜按作废处理，可放入备用数据库留存。

小学生成长档案分类应条目明确，可根据内容、来源进行科学归类，并准确命名档号和名称，如学生国旗下讲话、辩论赛等课外兴趣活动开展的情况。

4. 小学生成长电子档案管理

应适时更新数据。小学生成长电子档案翔实记录了学生成长的过程，有助于提升学生自信、促进学生发展。小学生成长档案中"我的自画像""成长日记""作品展""荣誉室"等特色栏目应及时更新描述和评价指标。

应保护好个人隐私。学生是小学生成长电子档案的主要作者。档案是学生成长历程客观真实的记录。在信息时代，教师和家长可以随时访问学生的成长记录。应设置访问权限，有效地保护学生的个人隐私。

应长期保存。小学生成长电子档案记录着学生的基本信息、学业信息、学校活动信息、生理信息、健康信息、家庭生活信息等，这些都是需要长期保存的信息。

5.1.2 教育教学电子档案

教育教学电子档案可以被分为德育、教学、学籍管理、体育、艺术、科技、卫生等类别。根据实际情况，可以增加、合并或减少类别。

案卷目录包括全宗号、案卷标识、归档年度、案卷号、类别号、起止日期、归档部门、案卷题名、件数、总页数、保管期限等内容。卷内文件目录包括档号、年度、顺序号、文号、责任者、文件题名、文件日期、起止页号、页数等内容。教育教学电子档案原文被存储在数据库或挂接在数据库上。

5.1.3 文书电子档案

文书电子档案可以被分为党务工作、共青团和少先队、行政、工会、总务等类别。根据实际情况，可以增加、合并或减少类别。

案卷目录包括全宗号、案卷标识、归档年度、案卷号、类别号、起止日期、归档部门、案卷题名、件数、总页数、保管期限等内容。卷内文件目录包括档号、年度、顺序号、文号、责任者、文件题名、文件日期、起止页号、页数等内容。文书电子档案原文被存储在数据库或挂接在数据库上。

5.1.4　人事电子档案

人事电子档案可以被分为在职、退休、调离、辞职等类别。根据实际情况，可以增加、合并或减少类别。

案卷目录包括全宗号、案卷标识、归档部门、姓名、性别、出生日期、身份证号、件数、总页数、保管期限等内容。卷内文件目录包括档号、姓名、题名、文件日期、页数等内容。人事电子档案原文被存储在数据库或挂接在数据库上。

5.1.5　数字化奖品电子档案

数字化奖品电子档案可以被分为奖杯、奖牌、锦旗、证书、奖状、礼品等类别。根据实际情况，可以增加、合并或减少类别。

案卷目录包括全宗号、案卷标识、归档年度、案卷号、类别号、类别、归档部门、件数等内容。卷内文件目录包括档号、年度、顺序号、题名、颁发单位、接受单位、颁发日期、保管期限、存放位置等内容。数字化奖品电子档案原文被存储在数据库或挂接在数据库上。

5.1.6　照片类电子档案

照片类电子档案的案卷目录包括全宗号、案卷标识、归档年度、案卷号、类别号、归档部门、件数等内容。卷内文件目录包括题名、照片编号、摄影者、摄影时间、人物、地点、文字说明、保管期限等内容。照片类电子档案原文被存储在数据库或挂接在数据库上。

在实际应用中，如果著录信息的项较多，则不能保证填写的质量，尤其是要求家长提供的信息。培英小学制定的照片著录项包括照片题名（必填）、摄影时间（必填）、人物（可选）、地点（可选）、文字说明（可选）、摄影者（可选）。

5.1.7　视频类电子档案

视频类电子档案的案卷目录包括全宗号、案卷标识、归档年度、案卷号、类别号、归档部门、件数等内容。卷内文件目录包括题名、编号、摄像者、时间、人物、地点、有效时长、文字说明、保管期限等内容。视频类电子档案原文被挂接在数据库上。

培英小学制定的视频著录项包括音频题名（必填）、日期（必填）、人物（可选）、地点（可选）、文字说明（可选）、摄像者（可选）、有效时长（可选）。

5.1.8　音频类电子档案

音频类电子档案的案卷目录包括全宗号、案卷标识、归档年度、案卷号、类别号、归档部门、件数等内容。卷内文件目录包括题名、编号、时间、人物、地点、文字说明、录音者、有效时长、保管期限等内容。音频类电子档案原文被挂接在数据库上。

培英小学制定的音频著录项包括录音题名（必填）、日期（必填）、人物（可选）、地点（可选）、文字说明（可选）、录音者（可选）、有效时长（可选）。

5.2 电子档案管理系统的主要功能

电子档案管理系统的主要功能包括但不限于以下几项。

- 系统管理：全宗管理、分类管理、分组及案卷管理、用户管理、角色管理、存储管理、数据字典、下载管理、数据备份、日志管理、水印管理等。
- 数据收集：离线接收、在线接收、登记、接收检测、不归档库（资料库）等。
- 数据整理：整理编目、档号编制、四性检测等。
- 档案管理：文件封装、鉴定管理、销毁管理、移交管理、借阅/借出档案管理、专题管理等。
- 统计：相关人员统计、档案数量统计、档案借阅统计、档案库房统计。
- 利用：目录检索、全文检索、关键词检索、布尔检索（与、或、非）、二次检索、词表检索、分析挖掘（文字信息、日期、时间等）、档案编研等。
- 档案借阅：电子档案借阅、纸质档案借阅。

CHAPTER 6

06 第六章
数据的存储

数据存储的巨大需求以及由此带来的能耗和成本的飞速增长成为存储发展的制约因素。数据存储所面临的问题是多方面的，需要进行系统的研究，并综合运用多种技术加以解决。本章介绍用于数据长期保存的存储介质及其读写设备（驱动器），以及磁光电混合存储、文档型非关系型数据库和异构数据库存储的相关内容，研究基于光盘的数据库存储技术。

6.1 存储介质

2023 年 10 月，工业和信息化部等六部委印发的《算力基础设施高质量发展行动计划》提出，加速存力技术研发应用，围绕全闪存、蓝光存储等技术，推动先进存储创新发展。《中华人民共和国档案法实施条例》（自 2024 年 3 月 1 日起实施）明确要求，档案馆对重要电子档案进行异地备份保管，应当采用磁介质、光介质、缩微胶片等符合安全管理要求的存储介质，定期检测载体的完好程度和数据的可读性。存储介质的研究和应用对数据存储和数据备份都具有重要的意义。本节围绕数据长期保存用存储介质展开论述，介绍长期保存数据用光盘的种类和寿命。

6.1.1　数据长期保存用存储介质的基本要求

数据长期保存系统和存储介质必须适用于大规模、多种类、多种格式数据的存储、检索和利用。存储介质和读写设备必须具有兼容性，存储介质上长期保存的数据可被读写设备读取。数据被写入存储介质之后必须保持完整性，存储介质应能够防止因错误或故意操作造成数据被物理覆盖或被删除。存储设备及存储介质应具有较强的抗网络攻击能力，不受病毒的影响，具有较强的抗磁干扰能力。存储设备及存储介质的碳排放量（耗电量）应较低，长期保存过程中的维护费用应较低，总体拥有成本应较低，数据迁移次数应较少。

从发展历程来看，存储介质主要有磁带、磁盘、固态盘和光盘，各种存储介质的特性见表 6-1。目前用于小学数据的存储介质主要有磁盘、固态盘和光盘。磁盘和固态盘存取速度快，但存储寿命较短，保存数据的寿命平均为 5 年，且需要定期更换，能耗高。光盘保存数据的寿命长，能耗低，但光盘存取速度慢。采用一次性写入光盘时，刻录到光盘上的数据不可被修改和删除，这能保障数据的真实性、完整性、可用性、安全性。

表 6-1 磁带、磁盘、固态盘、光盘的存储特性比较

特性指标	磁带	磁盘	固态盘	光盘
寿命	5~10 年	5 年	5 年	10~100 年
响应时间	分钟级	毫秒级	毫秒级	秒级
数据检索（全文检索）	不可	可	可	可
读写方式	接触	非接触	非接触	非接触
抗磁干扰能力	弱	弱	弱	强
数据删改	可删改	可删改	可删改	不可删改
兼容性	隔 2 代不兼容	兼容	兼容	兼容
数据迁移频率	较高	高	高	低
温湿度影响	高	高	高	低
空调依赖	必要	必要	必要	否
能耗	较高	高	高	低或超低
环境影响	较高	高	高	低

注 1：光盘的寿命推定值参见表 6-3。
注 2：数据库建立在光盘上，可实现数据检索，包括全文检索。
注 3：可录类光盘上的数据不可被删改。
注 4：兼容性指读取设备的兼容性，蓝光光驱向下兼容，可以读写 CD、DVD 和 BD 光盘。
注 5：光盘静止存放时，能耗超低。

在信息技术高度发展的今天，小学生成长数据采集的手段很多。从学校、家庭和社会全方位记录小学生的成长，在受教育阶段，小学生成长数据的数据量很大，在其一生中保存的时间最长，可达数十年甚至上百年。在这种情况下，由于光盘所具有的独特性能（如低成本、高兼容性和低能耗），更具体地说是超低能耗的数据存储能力，因此，光盘越来越被认为是一种可用于长期保存的高容量存储介质。光盘的寿命很长，其可在更重视证据的情况下确保小学生成长数据存储的安全性。

6.1.2 长期保存数据的光盘种类和容量

长期保存小学生成长数据可以采用可录类光盘，包括 CD-R、DVD-R、DVD+R、BD-R 等。可根据数据量选择合适种类和容量的可录类光盘，见表 6-2。

表 6-2 可录类光盘的种类和容量

光盘种类	记录层数	容量
CD-R	单层	640MB/700MB
DVD-R/DVD+R	单层	4.7GB
	2层	8.5GB
BD-R	单层	25GB
	2层	50GB/66GB
	3层	100GB
	4层	128GB
	每面3层/双面	200GB

6.1.3 可录类光盘的等级和寿命

可根据小学生成长数据保存的年限来选择光盘的等级和寿命。可录类光盘的等级与寿命推定值见表 6-3。

光盘寿命是用 ISO/IEC 16963 规定的试验方法在控制保存条件（温度 25℃ 及相对湿度 50%）下推算得出的。

表 6-3 可录类光盘的等级与寿命推定值

等级	CD-R	DVD-R、DVD+R	BD-R	寿命推定值
10级	MC1E<110	MPI SUM 8<140	MRSER<5.0×10^{-4} 以及 MBE<800	≥10 年

续表

等　　级	CD-R	DVD-R、DVD+R	BD-R	寿命推定值
30 级	MC1E<80	MPI SUM 8<100	MRSER<3.5×10^{-4} 以及 MBE<800	≥30 年
100 级	MC1E<80	MPI SUM 8<100	MRSER<3.5×10^{-4} 以及 MBE<800	≥100 年

注 1：最大 C1 错误（MC1E）是指在 CD 光盘上相关区域的一处中，用纠错解码器的输入信号所测得的，在标准数据传输速率下任意 10 秒内平均每秒 C1 错误数的最大值。

注 2：最大奇偶校验内码错误（MPI SUM 8）是指在 DVD 光盘上相关区域的一处任意连续的 8 个纠错码块中，在纠错前通过解码器所测得的内码奇偶校验（PI）错误数的最大值。

注 3：最大随机误码率（MRSER）是指在 BD 光盘上相关区域的一处中，用纠错解码器的输入信号所测得的，扣除长度大于或等于 40 字节的突发误码串的随机误码率的最大值。

注 4：最大突发误码串（MBE）是指在 BD 光盘上相关区域的一处中，一个记录单元块中长度大于或等于 40 字节的突发误码串字节数总和的最大值。

6.2　光驱

光驱是一个结合光学、机械及电子等技术的产品，能将数据刻录到光盘上或从光盘上读取数据。光盘是"纸"，光驱是"笔"。光驱是光存储中最重要和最关键的设备，是光存储设备的核心部件。不同的光盘需要使用不同的光驱，如同不同的纸需要使用不同的笔一样。本节介绍光驱的主要技术要求、用于数据长期保存的光驱和光驱的操作模式。

6.2.1　光驱分类

光驱可按以下方式分类。

- 按读写光盘的种类：CD 光驱、DVD 光驱、BD 光驱，由于光驱具有很好的向下兼容性，因此 BD 光驱也可以读写 CD、DVD 光盘。
- 按尺寸：半高型光驱、薄型光驱、超薄型光驱等。
- 按安放位置：内置光驱、外置光驱，外置光驱通过 USB 等接口与计算机或手机连接。
- 按光盘放入光驱的方式：翻盖式光驱、吸入式光驱、托盘式光驱等。
- 按读写光盘的面：光盘的正面、双面光盘的反面、双面光盘的双面。
- 按功能或用途：刻录光驱、只读光驱、检测光驱、具有缺陷管理功能的 DM 光驱等。
- 按品质等级：消费级光驱、专业级光驱、档案级光驱等。

6.2.2　光驱的主要技术要求

光驱的主要技术要求包括以下内容。

- 数据刻录。刻录光驱在 CD-R、DVD-R、DVD+R、BD-R、BD-RE 等可录光盘上刻录数据时，应能识别可录光盘的最佳写功率和写策略，识别可录光盘的最大可用容量，支持至少两种刻录软件，选择刻录速度，实现一次性写入和增量刻录，支持在光盘刻录后进行校验。
- 数据读取。刻录光驱、只读光驱和检测光驱在读取 CD-ROM、CD-R、DVD-ROM、DVD-R、DVD+R、BD-ROM、BD-R、BD-RE 等光盘时，应能识别光盘的最佳读功率和读策略，选择读取速度。
- 品质检测。品质检测分为初期品质检测和定期品质检测。初期品质检测是在刚刻录的光盘保存前，对光盘中的数据质量进行的确认检测。定期品质检测是在光盘保存期间，对光盘中的数据质量进行的定期检测，检测频率一般为每 5 年一次。检测光驱对 CD-R、DVD-R、DVD+R、BD-R 进行初期品质检测和定期品质检测。根据初期品质检测结果，判断品质等级和寿命推定值，见表 6-3。根据定期品质检测结果，采取相应的措施，见表 6-4。

表 6-4　光盘定期检测参数及采取措施的要求

光盘等级	采取措施的要求	光盘种类		
		CD-R	DVD-R、DVD+R	BD-R
10 级	良好	MC1E<160	MPI SUM 8 <200	MRSER<$7.1×10^{-4}$ 以及 MBE<1200
10 级	1 年以内采取措施	160≤MC1E<220	200≤MPI SUM 8 <280	$7.1×10^{-4}$≤MRSER<$1.0×10^{-3}$ 以及/或 1200≤MBE<1900
10 级	立即采取措施	MC1E≥220	MPI SUM 8≥280	MRSER≥$1.0×10^{-3}$ 以及/或 MBE≥1900
30 级/100 级	良好	MC1E<110	MPI SUM 8<140	MRSER<$5.0×10^{-4}$ 以及 MBE<1200
30 级/100 级	1 年以内采取措施	110≤MC1E<220	140≤MPI SUM 8 <280	$5.0×10^{-4}$≤MRSER<$1.0×10^{-3}$ 以及/或 1200≤MBE<1900
30 级/100 级	立即采取措施	MC1E≥220	MPI SUM 8≥280	MRSER≥$1.0×10^{-3}$ 以及/或 MBE≥1900

- 可靠性。光驱（光学头）的平均失效间隔时间（MTBF）的不可接受值（m_1）：刻录光驱累计刻录时长不小于 1000 小时，或累计读取时长不小于 2000 小时；只读光驱累计读取时长不小于 2000 小时；检测光驱累计检测时长不小于 1000 小时。产品（机械）平均失效间隔时间（MTBF）的不可接受值（m_1）不小于 60000 小时。
- 电源适应性。交流供电光驱在 220V±22V、50Hz±1Hz 的条件下正常

工作，直流供电光驱在 12×（1±10%）V 或 5×（1±5%）V 的条件下正常工作。
- 缓存。缓存不小于 4MB（读取/刻录/检测）。
- 噪声。工作状态下的声压级不高于 52dB（A）。

6.2.3　用于数据长期保存的光驱

光盘的刻录品质和保存数据的寿命取决于光驱和光盘的品质，也取决于光驱与光盘的匹配程度。使用高品质光盘和高质量刻录光驱的组合制作长期保存数据的高品质光盘（见图 6-1），可以提高光盘的推定寿命和初期品质，降低长期保存中记录数据质量的劣化程度。

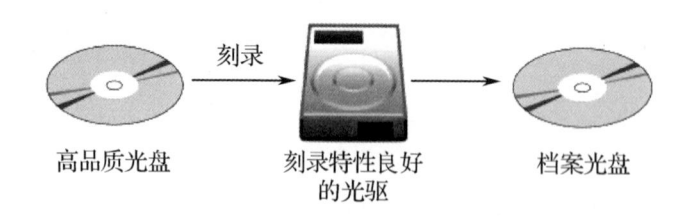

图 6-1　高品质光盘与高质量刻录光驱的组合

用于数据长期保存的光驱，装载了最适合可录类光盘记录特性的控制程序。刻录时光盘的转动控制方式为恒定线速度（CLV）控制，其线速度为刻录中使用的光驱与可录类光盘的组合指定的或推荐的速度。

6.2.4　光驱的基本操作模式

光驱的基本操作模式有单台光驱和光盘库两种。

单台光驱一般被用于小规模光存储系统，适用于个人、家庭和数据量少的单位。单台光驱直接与计算机、手机等设备连接。光盘刻录采用单张光盘的方式，手动将光盘放入光驱，用刻录软件将计算机、手机、磁盘、固态盘等设备上的数据刻录到光盘上。用单台光驱检测光盘的刻录品质。可用单台刻录光驱或读取光驱来读取光盘。管理光盘采用离线管理模式。

Jukebox 一词源于投币式自动点唱机。往自动点唱机里投硬币，自动点唱机就会伸出机械手臂，从一叠唱片中选出一张放到留声机的唱盘上。现代的 Jukebox 是集光机电技术为一体的高新技术设备，由光驱、光盘载具（光盘匣、光盘笼等）、移盘装置（机械手、机械拨片等）组成，可自动抓取、装填光盘/光盘载具，用于存储和管理大量的光盘，其中文名是光盘库。光盘库可装载多台光驱，可混合安装刻录光驱、只读光驱、检测光驱，可同时容纳 CD、DVD、BD 光盘，可同时刻录或读取多张光盘，可对光盘的刻录品质进行自动检测。光盘库容纳光盘的数量可根据用户需求来定制，少至几张，多达 10000 张。光盘库的容量为 GB 级至 PB 级。光盘库可被用于各种规模的光存储系统。光盘库可单独使用，也可被用于包括磁盘、光盘、固态盘等存储介质的磁光电混合存储系统。

6.3　磁光电混合存储

提高存储密度、提升性能、降低能耗是存储技术创新的主要方向。存储技术创新要综合考虑规模、成本、能耗、寿命、可靠性、可扩展性等多方面因素，针对不同类型数据的访问频率、读写操作等，在保证读取速率的前提下，使用磁盘、光盘、固态盘等不同的存储介质分级存储"冷""温""热"数据，最大程度地降低能耗和存储成本。本节论述磁光电混合存储技术以及分级存储技术。

6.3.1　磁光电混合存储技术

面对数据存储的多样化需求，单一存储介质存在瓶颈和短板，磁光电混合存储技术应运而生。磁光电混合存储利用磁、电、光三种存储介质的特性，集成其技术优势，具有全局管理、分级存储、热度迁移等功能，具有存储容量大、可扩展性好、寿命长、安全可靠、TCO低、绿色节能、性能高（高IO、响应快）等特点。磁光电混合存储技术可以提高数据存储容量、加快数据访问速度、延长数据存储寿命。光存储设备的能耗低，一般不超过磁电存储设备的10%。近20年来，随着光盘容量的大幅增加（单张光盘容量从4.7GB增加到500GB）和光盘全文检索技术的实现，光盘的利用水平显著提高，光盘的数据检索和调取速度达到秒级，光存储在各领域被广泛应用，这也促进了磁光电混合存储技术的快速发展。磁光电混合存储的技术路线主要有以下三种。

➢ 计算机与光驱、磁盘和/或固态盘连接，光盘刻录采用单张光盘的方式，用刻录软件将计算机、磁盘和/或固态盘上的数据刻录到光盘上。管理光盘采用离线管理模式，读取时手动将光盘放入光驱中。

➢ 计算机与光盘库、磁盘和/或固态盘连接，通过光盘库管理软件将磁盘和/或固态盘上的数据刻录到光盘库，读取时通过机械手将光盘放入光驱中。

> 计算机与光盘库、磁盘和/或固态盘连接，支持多种存储技术，通过软件管理对外提供统一的存储空间。

6.3.2 分级存储技术

磁光电混合存储系统一般采用多级数据存储结构，由磁盘、固态盘、光盘库、离线光盘柜等多种数据存储设备代替单一设备，集成不同的技术和系统。分级存储技术示意图如图 6-2 所示。

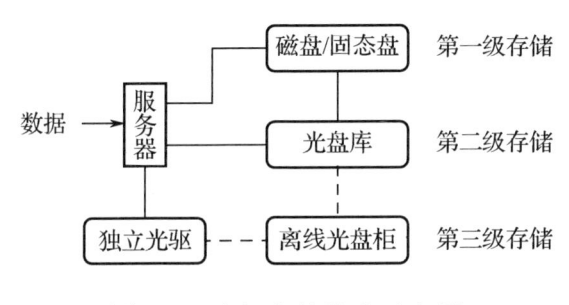

图 6-2 分级存储技术示意图

第一级存储是用于数据短期存取的存储装置/系统，数据保存时间较短，数据存取速度快，存储介质一般为磁盘或/和固态盘；第二级存储是用于数据长期存取的存储装置/系统，数据保存时间较长，数据存取速度较慢，存储介质一般为光盘，存储设备采用光盘库。针对保存时间很长且访问频率低的数据，可以设置第三级存储，存储设备采用离线光盘柜。磁盘或/和固态盘存储设备连接到服务器，光盘库连接到服务器，服务器连接独立光驱。光盘库和离线光盘柜之间用虚线连接，表示在光盘库和离线光盘柜之间手动传送光盘或光盘载具。独立光驱和离线光盘柜之间用虚线连接，表示在独立光驱和离线光盘柜之间手动传送光盘。数据分级存储是将数据（称为对象）传送到服务器，并根据每个对象的相对时间和未来访问的可能性以优先方式进行存储。这些对象可以同时被存储在磁盘/固态盘、光盘库、离线光盘柜或独立光驱中的一处或多处中。

数据分级存储策略可根据存储介质种类、存储介质容量、数据量、数据传输率、访问频率、访问速度等因素来配置。分级存储通常是最初将所有的数据存储在层次结构中的最高级别，即第一级存储。随着时间的推移，根据层次结构的程序规则，在层次结构的不同级别之间传输数据，以满足系统存储和访问的需求。当主处理器需要特定数据时，首先确定数据在层次结构中的位置。如果所需数据被存储在第一级存储，则检索并使用数据。如果数据未被存储在第一级存储，则可以直接从其当前位置检索数据以供使用，或者先将数据传输到第一级存储，然后再从该级别检索数据。将数据从层次结构的相对较低级别移动到相对较高级别称为"升级"。对数据进行升级，以允许系统在将来根据需要快速访问数据。由于近期使用的数据通常很可能不久后将再次被使用，因此第一级存储中数据的存在提高了系统的总体速度。在层次结构的较低级别直接访问数据的能力取决于每个级别的系统连接和数据存储设备的类型。较低级别存储的数据通常被确定为不太可能被频繁访问的数据。如果随着时间的推移，数据被访问的频率降低，数据可以从层次结构的相对较高级别被传输到相对较低级别。将数据从层次结构的相对较高级别移动到相对较低级别称为"降级"。可以根据特定数据的使用频率对其进行优先级排序。出于存档的目的，可以将不经常访问的数据降级到相对较低的级别。

6.4 文档型非关系型数据库存储

NoSQL 泛指非关系型数据库。非关系型数据库是数据不按关系模型来组织的数据库，其去掉了关系型数据库的关系型特性，没有关系型数据库严格的表结构，随时可以存储自定义格式的数据。在设计上，非关系型数据库更加关注对数据的高并发读写和海量存储等。非关系型数据库有多种类型，包括键值存储、列存储、文档存储和图存储等。本节论述文档型非关系型数据库的存储技术。

6.4.1 字段类型

文档型非关系型数据库由记录组成，记录由字段组成。字段类型包括字符、数值、日期、时间、文本和二进制等。字符字段被用于存储定长字符串和变长字符串。数值字段被用于存储整数和实数。日期字段被用于存储日期类型数据。时间字段被用于存储时间类型数据。文本字段被用于存储自由文本中的句子和段落，包括从文本格式电子文件中抽取的文字信息。二进制字段被用于存储文本、图像、音频、视频等数据。

6.4.2 存储方式

每个文本格式的电子档案在被装入数据库时，会生成字符、文本、二进制和数值等 4 个字段的数据，且被存储在一条记录中：电子档案的名称被存储在字符字段；从文本格式的电子档案中抽取的文字信息被存储在文本字段；电子档案的原文被存储在二进制字段；电子档案的容量被存储在数值字段。每个非文本格式电子档案在被装入数据库时，会生成字符、二进制和数值等 3 个字段的数据，且被存储在一条记录中：电子档案的名称被存储在字符字段；电子档案的原文被存储在二进制字段；电子档案的容量被存储在数值字段。同一数据库可存储多种格式的电子档案，不同记录（行）的电子档案的格式可不同，同一条记录可存储一个或多个电子档案，同一条记录（行）中多个电子档案的格式可不同。

6.4.3 数据导入

数据导入主要有在线录入数据、批量导入数据、数据库续装等方式。

- ➢ 在线录入数据。按照存储各类电子档案的数据库字段类型和记录的字段内容建立字段，并设计录入表单。录入表单由字段名和数据录入区组成，数据录入区与字段关联。在线录入是借助录入表单，将案卷目录录入案卷目录数据库，以及将卷内文件目录和卷内文件录入卷内文件数据库。

- ➢ 批量导入数据。按照存储各类电子档案的数据库字段类型和记录的字段内容建立字段。将案卷目录录入 Excel 文件，将 Excel 文件中的案卷目录数据导入案卷目录数据库。将电子档案的卷内文件目录录入 Excel 文件，将各种格式的卷内文件放入文件夹。卷内文件名由档号和题名组成，与卷内文件目录的档号形成匹配关联关系。采用数据导入程序将卷内文件目录和卷内文件按照匹配关联关系批量导入卷内文件数据库，包括从文本格式电子文件中抽取的文字信息。

> 数据库续装。当受到数据库容量或存储介质容量的限制，电子档案不能被装入一个数据库时，可以以记录为单位将数据续装到下一个数据库。各数据库中的各记录关联数据不需要被跨数据库存储或关联，以使各数据库保持数据的完整性。续装的数据库数量无限制。

6.4.4　数据导出

数据导出包括以下方式：从数据库中导出全部数据；从数据库中按记录（行）导出部分数据、按字段（列）导出部分数据；利用检索导出部分数据；将从数据库中导出的目录数据或元数据存储到 Excel 文件；将从数据库中导出的电子档案原文（电子文件）存储到文件夹。

6.4.5　数据库的拆分

非关系型数据库的拆分是指将一个数据库拆分为若干个子数据库。拆分以记录为单位，因此，子数据库中的各记录关联数据完整。数据库管理系统可以直接在子数据库中完成该记录范围内的数据检索和查询，不需要对同一记录的不同字段数据在各子数据库间进行数据检索。拆分的方法包括以下几种。

> 建立若干个结构相同的子数据库，确定分配给各子数据库的原数据库的起始记录号和终止记录号，从原数据库中提取相应的记录，按顺序将记录导入各子数据库。
> 建立若干个结构相同的子数据库，确定各子数据库的最大容量，计算各记录的容量和分配给各子数据库的容量（分别小于各子数据库

的最大容量），从原数据库中提取相应的记录，按顺序将记录导入各子数据库。

➢ 建立若干个结构相同的子数据库，利用检索，从原数据库中提取相应的记录，按照记录的数量或数据库的容量要求将记录导入各子数据库。

➢ 建立若干个结构相同但与原数据库结构不同的子数据库，利用字段读写访问限制功能，从原数据库中提取部分字段的记录，按照记录的数量或容量要求将记录导入各子数据库。

6.4.6 数据库的合并

非关系型数据库的合并是指将若干个数据库合并为一个数据库。合并以记录为单位，合并的方法包括以下几种。

➢ 确定各子数据库合并记录的记录号，从各子数据库中提取相应的记录，按顺序将记录导入其中一个子数据库或新建的与子数据库结构相同的数据库。

➢ 确定各子数据库合并记录的容量，从各子数据库中提取相应的记录，按顺序将记录导入其中的一个子数据库或新建的与子数据库结构相同的数据库。

➢ 利用检索，从各子数据库中提取相应的记录，按照记录的数量或容量要求将记录导入其中的一个子数据库或新建的与子数据库结构相同的数据库。

➢ 新建一个与子数据库结构不同的数据库，利用字段读写访问限制功能，从各子数据库中提取部分字段的记录，按照记录的数量或容量要求将记录导入新建的数据库。

6.4.7 备份

数据库数据、数据库结构和数据库定义文件的保存实行备份制度，重要数据采用异地异质备份方式。

数据库备份的内容包括数据库数据、数据库结构和数据库定义文件。按照数据库结构（字段）来备份数据库数据。备份介质可以是光盘、磁盘、固态硬盘等。备份方式包括整体备份、拆分备份、增量与差异备份、在线备份和离线备份、自动备份。

> 整体备份。当数据库的容量小于备份介质的容量时，无须对数据库做任何处理，可直接对数据库整体进行复制备份。例如，数据库容量为90GB，直接将数据库整体复制到1张100GB蓝光光盘中。

> 拆分备份。当数据库的容量超过备份介质的容量时，将数据库拆分成容量小于备份介质容量的若干个子数据库，然后将各子数据库分别复制到备份介质中，保留原有的访问控制策略，并保证原数据库的完整性。例如，数据库的容量大于100GB蓝光光盘的存储容量，需要将这些数据库拆分为若干个子数据库，每个子数据库的容量均小于100GB蓝光光盘的实际存储容量，然后将各子数据库分别复制到多张100GB蓝光光盘上。

> 增量与差异备份。对数据库中新增的电子档案进行增量备份，对被修改的电子档案进行差异备份。

> 在线备份和离线备份。在线备份是将数据库数据、数据库结构和数据库定义文件备份到在线存储介质上。离线备份是将数据库数据、数据库结构和数据库定义文件备份到离线存储介质上。

> 自动备份。自动备份是通过软件的控制方式将数据库数据、数据库结构和数据库定义文件有规律地进行备份。

6.4.8　还原

还原主要有整体还原和合并还原两种方式。整体还原是将整体备份的数据库还原到原数据库系统。合并还原是将拆分备份的多个子数据库数据还原到原数据库系统，其采用的方法有两种：一是新建数据库系统合并全部子数据库数据，然后将合并形成的数据库数据还原到原数据库系统；二是在原数据库系统中合并还原全部子数据库数据。

6.5　异构数据库存储

根据小学生成长数据和学校管理的特点，构建由非关系型数据库和关系型数据库组成的异构数据库，存储和管理结构化数据和非结构化数据。本节围绕异构数据库的构建、异构数据库的数据导入与数据交换进行论述。

6.5.1　构建异构数据库

异构数据库是相关的多个数据库的集合，可以实现数据的共享和透明访问。异构数据库可以由不同类型的关系型数据库组成，也可以由关系型数据库和非关系型数据库组成。

关系型数据库对数据的规范性要求很高，能够很好地存储和管理目录数据等结构化数据，但对各种格式的非结构化数据（如电子文件和电子档案）的存储和管理存在诸多局限。关系型数据库对电子档案的存储主要采用将电子档案原文挂接在数据库的方式，用电子档案名作为指针在数据库中将内容数据与其元数据（或目录数据）联系起来。由于数据库和挂接的电子档案原文的关系松散，当数据库或挂接的电子档案原文的存储位置发生变化时，会造成挂接关系断裂，从而无法找到挂接的电子档案原文。非关系型数据库突破了关系型数据库严格的表结构的限制，能够存储各种类型、各种格式的非结构化数据。关系型数据库和非关系型数据库互不排斥，它们之间可以相互交换数据，实现相互补充和扩展。

构建由非关系型数据库和关系型数据库组成的小学电子档案异构数据库，可以存储和管理结构化数据和非结构化数据。存储在数据库中的记录可被分为两部分，属于结构化数据的字段被存储在关系型数据库或非关系型数据库中，属于非结构化数据的字段被存储在非关系型数据库中。不再将非结构化数据挂接在关系型数据库上，这就使得所有的数据都被存储在数据库中。关系型数据库的字段组成了关系型数据库的子记录，非关系型数据库的字段组成了非关系型数据库的子记录。通过连接关系型数据库与非关系型数据库，关系型数据库的子记录和相应的非关系型数据库的子记录形成了完整的记录，从而保证了记录的完整性。关系型数据库的字段与非关系型数据库的字段可以不重复（见图6-3），也可以重复（见图6-4）。

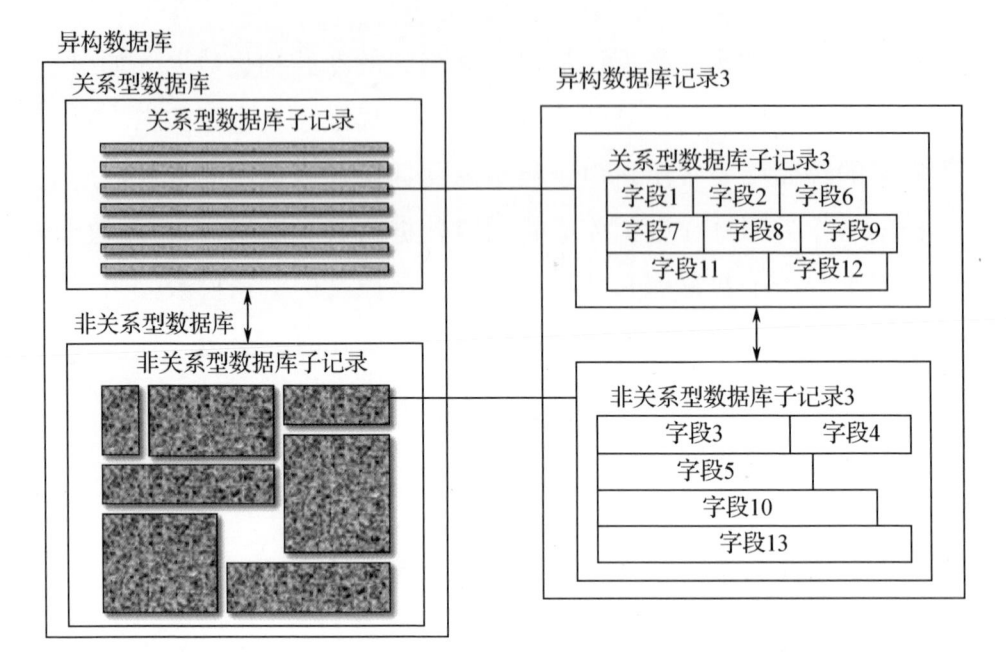

图 6-3　字段不重复的异构数据库文件物理结构示意图

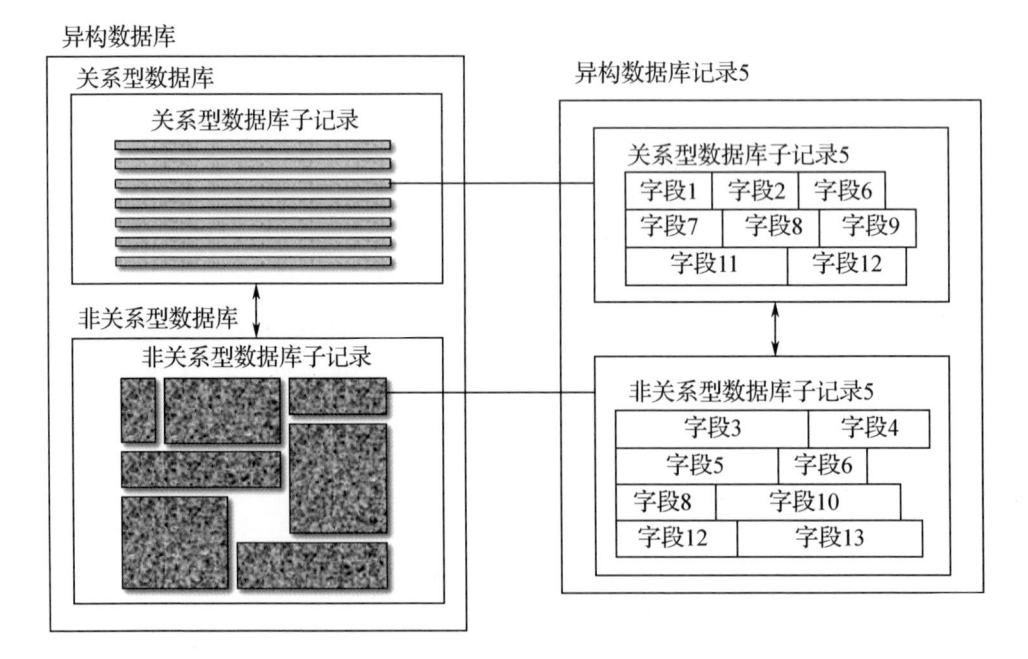

图 6-4　有重复字段的异构数据库文件物理结构示意图

6.5.2 数据的导入与交换

关系型数据库与非关系型数据库的字段结构不一致，即字段的定义、类型、长度不一致。数据格式转换须具备开放和易于扩展的异构数据集成能力，才能有效解决不同格式数据资源的综合利用问题。通过设计非关系型数据库的访问接口和 Java 数据库连接（Java Database Connectivity，JDBC）可以解决数据交换的问题。

Java 程序通过非关系型数据库的访问接口读取非关系型数据库，然后通过 JDBC 把读取的数据写入关系型数据库。Java 程序通过 JDBC 读取关系型数据库，然后通过非关系型数据库的访问接口把读取的数据写入非关系型数据库。

将源数据库中的数据写入目标数据库时，最重要的是要保证数据以正确的格式被写入目标数据库。关系型数据库和非关系型数据库互为源数据库和目标数据库，有些字段的数据由关系型数据库写入非关系型数据库，有些字段的数据由非关系型数据库写入关系型数据库。因此，在将数据写入目标数据库之前必须建立源数据库字段名到目标数据库字段名的映射，并进行字段类型的转换，然后根据这些信息生成写入的非关系型数据库 CCL 语句或关系型数据库 SQL 语句，将源数据库中的数据写入目标数据库。非关系型数据库的字符、数值、日期和时间字段的数据可被写入关系型数据库，文本和二进制字段的数据不可被写入关系型数据库。关系型数据库所有字段的数据可被写入非关系型数据库。数据写入任务能自动完成，不需要用户介入。

以教育教学电子文件及其目录数据为例来进行说明。教育教学电子文件为 PDF 格式文件。创建非关系型数据库的案卷目录数据库和卷内文件数据库，案卷目录数据库被用于存储案卷目录，卷内文件数据库被用于存储卷内文件目录、电子文件名、电子文件容量、从电子文件中抽取的文字信息、电子文件。创建关系型数据库的案卷目录表和卷内文件目录表，案卷目录表被用于存储案卷目录，卷内文件目录表被用于存储卷内文件目录和电子文件名。

为了保证数据转换的准确性，降低数据类型转换的复杂性，需要预先设定关系型数据库和非关系型数据库的字段对应关系，并制定转换规则。非关系型数据库的教育教学案卷目录数据库与关系型数据库的教育教学案卷目录表的字段对应关系见表 6-5，非关系型数据库的教育教学卷内文件数据库与关系型数据库的教育教学卷内文件目录表的字段对应关系见表 6-6。

表 6-5　教育教学案卷目录数据库与教育教学案卷目录表的字段对应关系

字　段　名	非关系型数据库字段标识	关系型数据库字段标识
ID	○	ID
全宗号	ARCNO	Arcno
案卷标识	VOLID	Volid
归档年度	YEAR	Year
案卷号	VOLNO	Volno
分类号	CATNO	Catno
起日期	STARTDATE	Startdate
止日期	ENDDATE	Enddate
归档部门	ARCUNIT	Arcunit
案卷题名	VOLTITLE	Voltitle

续表

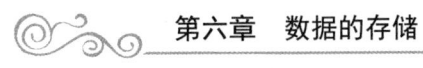

字 段 名	非关系型数据库字段标识	关系型数据库字段标识
件数	FILENUM	Filenum
总页数	TOTALPAGE	Totalpage
保管期限	DEADLINE	Deadline
位置编号	LOCATION	Location
备注	CAPTION	Caption
记录号	JLH	jlh

注：○表示无对应的字段。

表 6-6　教育教学卷内文件数据库与教育教学卷内文件目录表的字段对应关系

字 段 名	非关系型数据库字段标识	关系型数据库字段标识
ID	○	ID
档号	ARCNO	Arcno
年度	YEAR	Year
顺序号	SEQNO	Seqno
文号	FILENO	Fileno
责任者	MANAGER	Manager
文件题名	FILETITLE	Filetitle
文件日期	FILEDATE	Filedate
页数	PAGES	Pages
备注	CAPTION	Caption
电子文件名	FILE_PATH	File_path
电子文件容量	FILE_SIZE	○
文字信息	FILE_TEXT	○
电子文件	FILE	○
记录号	JLH	jlh

注：○表示无对应的字段。

6.6 基于光盘的数据库存储

光（盘）存储技术和文档型非关系型数据库存储技术在理论和应用层面都取得了较大的发展。针对光存储数据和文档型数据库存储数据分别制定了相应的标准，不过目前仍局限于各自领域存储技术的研究和应用，缺少对光盘和文档型数据库组合存储数据的研究和应用。

基于光盘的数据库存储系统包括安装在服务器（计算机）上的数据库管理系统、与服务器连接的磁盘/固态盘存储装置和光盘存储装置。数据库管理系统被用于管理存储装置上的数据库和数据。在磁盘/固态盘存储装置上建立磁盘/固态盘数据库，在光盘存储装置上建立光盘数据库。基于光盘的数据库存储方法有两种。一种是在一次性写入光盘或其他类型的光盘上直接建立数据库，将数据直接录入光盘上的数据库，如图6-5所示。另一种是在磁盘/固态盘上建立数据库，将数据录入磁盘/固态盘上的数据库。在这种情况下，当数据库文件的容量小于光盘的容量时，不需要对数据库做任何处理，直接将数据库存储到光盘上；当数据库文件的容量超过光盘的容量时，需要将数据库拆分成容量小于光盘容量的若干个结构定义一致、数据完整的子数据库，然后将各子数据库分别存储到多张光盘上。

```
┌─────────────────────────────────────────────┐
│   数据库管理系统获取光盘存储介质的容量参数   │
└─────────────────────────────────────────────┘
                      ↓
┌─────────────────────────────────────────────────┐
│ 数据库管理系统通过库结构生成模块在光盘存储介质上建立数据库文件 │
└─────────────────────────────────────────────────┘
                      ↓
┌──────────────────────────────────────────────────────────────┐
│ 数据库管理系统利用光盘建库录入模块向光盘上的数据库文件增加记录，通过字段 │
│ 结构生成模块保留写入相应记录的字段结构信息，通过记录索引生成模块保留相应 │
│ 记录的索引信息，通过存储空间分配模块保留相应记录的标准存储单元位置信息， │
│ 通过存储空间状态模块保留记录标准存储单元的空间信息，通过记录链接模块保留 │
│                相应的数据库特征数据                          │
└──────────────────────────────────────────────────────────────┘
                      ↓
             ◇ 是否达到光盘存储容量值? ◇
             Y ↓              N ↓
                        ┌──────────────────┐
                        │ 更新保留的数据库特征数据 │
                        └──────────────────┘
┌─────────────────────────────────────────────────────┐
│ 数据库管理系统将保留的数据库特征数据写入光盘上的数据库，在光盘上完成数据库 │
│                的建立与记录的存储                    │
└─────────────────────────────────────────────────────┘
```

图 6-5　在光盘上直接建立数据库的流程图

CHAPTER 7

07 第七章
数据的检索

各种类型和格式的结构化数据和非结构化数据被存储在由关系型数据库和非关系型数据库组成的异构数据库中,可以利用异构数据库管理系统对结构化数据和非结构化数据进行检索。关系型数据库和非关系型数据库在组成异构数据库之前就已经存在,且拥有各自的检索系统。本章着重介绍非关系型数据库的索引、中文自动分词、关系型数据库和非关系型数据库的检索功能、异构数据库的检索方式,详细论述小学生成长数据同义词词表检索,以及光盘数据检索的原理和重要作用。

7.1 索引

关系型数据库和非关系型数据库是目前应用最广泛的数据库,两者最显著的差别是处理对象数据的方法。关系型数据库是把相关的数据组织在一张张大小固定的表格之中，查找时通过各表之间的"关联"达到灵活检索的目的，同时，还要给这些表建立索引，否则，检索速度会受到较大的影响。非关系型数据库是把数据对象组织在不限空间的文件中，对所有可能的内容都建立索引，从而达到快速查找的目的。本节重点介绍文档型非关系型数据库的索引内容和基本索引文件。

7.1.1 索引内容

可以对文档型非关系型数据库中所有的文字信息进行索引。文字信息索引包括以下方式。

- 对字符字段的每个字、词、词干、整个字段内容进行索引，例如，对"小学生成长数据"中的"小""学""生""成""长""数""据""学生""成长""数据""小学生""学生成长""小学生成长""小学生成长数据"等14个字词进行索引。
- 对文本字段中的每个字、词、词干进行全文索引，包括从文本格式电子文件中抽取的文字信息。
- 对数值、日期、时间进行索引。
- 对数据库的记录号进行索引。

7.1.2 基本索引文件

基本索引文件是一个散列表（hash table），存储的是数据库基本文件中要快速查找的字段中的词条（term）的位置信息。当系统在做倒排索引处理时，将对数据库基本文件的记录逐一扫描，把还没有做过倒排的记录中需要快速查找的字段的词条，或把上一次倒排后做过修改的记录中的相关字段的词条，都逐个摘取出来，进行散列函数（hash）运算，生成一个唯一的 32 比特的散列码（hash code），和一个 n 比特的入口块号（entry block number）。入口块号表示该词条在文件中的起始位置，即入口地址，实际就是一个指向该入口块（entry block）的指针。入口块中所存储的就是词条的散列码。

词条的位置信息内容跟词条所在字段的数据类型有密切的关系。对于文本（text）字段，词条的位置信息包含记录、字段、段落、句及词在句中的位置，如图 7-1 所示。

词条	记录数	词条出现次数	词条各次出现的位置					
			1	2	3	4	…	n
Digital	102	267	…	…	…	…		…
library	201	324	…	…	…	…		…
In	569	1103	…	…	…			
China	31	67					…	…

记录号
字段号
子字段或段落号
句号（只有文本字段）
词的位置

图 7-1 词条的位置信息

7.2 中文自动分词与中文分词词典

数据库可以存储中文数据，但问题是如何区分中文和查找中文，为此，数据库需要具有中文自动分词的功能。本节论述分词技术、基于词典的中文分词和中文分词法的选择，介绍小学生成长中文分词词典的编写方法和词的来源。

7.2.1 分词技术

分词技术是自然语言处理的一项基础任务。以英语为代表的印欧语系语言在词与词之间有明显的空格作为边界，在一般情况下，词语可以比较简单而准确地被提取出来。相对而言，中文分词就复杂得多。中文句子中的字符呈紧密相连的状态，词之间没有分隔标记和形态的变化。在自然语言理解中，词是表达意义的基本语言成分，理解词的含义是理解句子的含义的前提条件。因此，中文信息处理的首要问题就是将没有分隔标记的字符串切分为合理的词序列。在机器翻译、信息检索、文本分类、语音识别等大多数的智能化自然语言任务中，都需要将分词系统作为其基本模块和关键技术。中文分词是否准确，直接影响下一级的任务，进而影响相关中文信息处理系统的可靠性和实用性。现有的分词算法可分为三大类：基于词典的分词方法、基于统计的分词方法和基于理解的分词方法。

基于词典的分词方法是一种基于规则的词切分法。在进行词切分之前，应预先建立一个中文词典，其尽可能地包含所有可能出现的词，然后按照预定的规则，逐一比对待切分的字符串和词典中的词条，如果成功匹配相应的字符串，则完成切词。该方法有三个主要因素：中文分词词典、匹配规则和扫描方向。

基于统计的分词方法是，在中文中，相邻字之间结合出现的频率越高，就越有可能组成一个词。该算法首先对字符串进行全部切分，然后对所有可能相邻的字组合进行频率统计，计算它们的互现信息，建立反映相邻字互信度的概率模型，从而完成新词的识别和切分。这种算法仅需对每个词的频率进行计算，而不依赖于中文词典。这种方法存在一定的局限性，经常会切分出出现频率高但不是词的字组。

基于理解的分词方法也被称为基于人工智能的分词算法，在一定程度上是基于"先理解后分词"来解决词典分词方法缺少全局信息、统计分词方法缺少句子结构信息的问题的方法，在理论上是一种最理想的分词方法。在分词时，该算法模拟人脑对语言的理解方式，根据句法、语义以及构词特点来进行分析，以达到词识别的效果。在实际使用中，该算法需要使用大量的语言学知识，而鉴于汉语句法规则的复杂程度，各种语言知识很难轻易地被转换成机器可以读取的形式，故实现起来非常困难。

在自然语言处理中，中文信息处理技术和以英语为代表的西方语言处理技术仍有很大的不同，即使和同为东方语言的日语相比也有显著的不同。

7.2.2　基于词典的中文分词

对中文可采用最简单的规则，即每个汉字等同于西文的一个词，中文的多字词等同于西文的词组。利用这个简单的规则，可将处理西文的全部现成技术运用于中文信息处理。例如，对于处理"视力"这个两字词，建库时自动把"视力"按"视""力"两个字单独做索引；当查找"视力"时，查找由"视""力"两个字组成的词"视力"。单个汉字处理规则有两个缺点：一是查准率不够高，二是在海量的数据库中查找高频多字词时的速度明显变慢。

中文自动分词是基于规则和词典的自动分词方法。规则是教系统如何读数据，词典是告诉系统所读数据是不是一个单词。本书选用的规则是正向最大匹配法（Forward Maximum Matching Method），同时兼顾交叉歧义处理。在数据入库时自动调用分词程序，在装库的同时扫描装入的字符串，将其切分成供查找的中文词。

正向最大匹配法是一种被广泛应用的机械分词方法。在分词过程中除了参照词典，没有用到语法、句法和语义方面的知识。该规则包含"长词优先"的切分原则。其基本过程是，假设词典中最长的词由 n 个汉字组成，每次从句子头上截取 n 个汉字的字串，让它与词典中的词匹配。如果词典中有一个与它相同的 n 字词，就把该字串作为一个词从句子头上分离出去，再从句子的第 $n+1$ 个字开始截取新的 n 个汉字与词典中的词相匹配，以此类推，重复前述的过程。如果从头部匹配不成功，就将该字串从尾部删去一字，用 $n-1$ 字长的字串在词典中找匹配的词，如果匹配成功，则视它为一个词从句中分离出去。如果从尾部匹配不成功，再从尾部删除一字，以 $n-2$ 字长的字串在词典中找匹配。直至剩下最后一个字，作为单字词处理。

即使有非常丰富的词典，中文分词依然面临知识短缺的问题。最大的困难是歧义的切分。有些词句，人们都难以判断从何处切开能理解。如果在字串 ABC 中，A、B、C 分别代表由一字或多字组成的字串，如果 A、AB、BC、C 分别是词典中的词，这是交集型歧义。例如，字符串"三好学生"按正向最大匹配法会被切成"三""好""学生"，这漏掉了核心词"三好""好学生"，增加交集型歧义后，则被切成"三""好""三好""好学生""学生"，增加了"三好""好学生"两个核心词。如果在字符串 AB 中，A、AB、B 均属词典中的词，则称 AB 为组合型歧义。例如，字符串"档案数据库"既可以被理解为"档案""数据""库"，也可以被理解为"档案""数据库"。按前者切词，找不到"数据库"；按后者切分，找不到"数据"。

7.2.3 中文分词法的选择

本书拟采用 4 种中文分词方法：单汉字（N），正向最大匹配法＋交叉歧义词（M），所有可能词（包括单字词）＋交叉歧义词（A），最长词、歧义词、最长词内除了单字词和交叉词之外的所有多字词（W）。以字符串"小学生素质教育"为例说明 4 种中文分词方法。

- N：切出 7 个单字词"小""学""生""素""质""教""育"。
- M：切出 1 个词"小学生素质教育"。
- A：切出 16 个词"小学生素质教育""小学生素质""小学生""学生素质""学生素质教育""素质教育""学生""素质""教育""小""学""生""素""质""教""育"。这种方法是将正向最大匹配法切出来的所有长词再切分，直至切成单个汉字。
- W：切出 9 个词"小学生素质教育""小学生素质""小学生""学生素质""学生素质教育""素质教育""学生""素质""教育"。

由上可见，A 分词法能够涵盖 N、M 两种分词法，其既提高了多字词的查找速度，又有最高的查全率，但增加了存储空间。

W 分词法与 M 分词法相比增加了组合歧义，与 A 分词法相比减少了存储空间，但可能还存在尚未预料到的歧义处理问题。A 分词法包含了单汉字切分，不存在因切分不当而漏检的问题。

M 分词法切出的词汇量最少，长词检索速度明显加快，但要查全必须给检索词加通配符。总之，从检索角度看，W 分词法和 A 分词法已经能够满足用户查准、查全的需求。

7.2.4　中文分词词典的编写方法

中文分词词典不同于一般的中文词典。为了给用户提供各种可能的查找入口，需要将长词切为各种可能的词后放在中文分词词典中。小学生成长的词来源多，词汇量大，中文分词词典的编写依赖于编写人员对小学生成长专业词汇和中文分词规则的理解，这给小学生成长中文分词词典的编写带来了很大的困难。例如，"毫不利己专门利人"可被分为"毫不利己""专门利人""毫不""利己""专门""利人"等 8 个词，而不能被分为"毫不利""己专门""专门利"等词。一个新概念产生时必然会有一个新词产生，于是中文分词词典才有了这些词。

7.2.5　分词文件

本书使用的中文分词词典为 2~10 个长汉字的词，分别形成 2~10 个长汉字的分词文件。例如，"小学生素质教育"可被分为"小学生素质教育""小学生素质""小学生""学生素质""学生素质教育""素质教育""学生""素质""教育""小""学""生""素""质""教"

"育"等16个词。"小学生素质教育"是7字词，被放在7个长汉字的分词文件中；"学生素质教育"是6字词，被放在6个长汉字的分词文件中；"小学生素质"是5字词，被放在5个长汉字的分词文件中；"学生素质""素质教育"都是4字词，都被放在4个长汉字的分词文件中；"小学生"是3字词，被放在3个长汉字的分词文件中；"学生""素质""教育"都是2字词，都被放在2个长汉字的分词文件中。除单字外，缺哪个分词文件，就抽不出该文件中的词。如果只切分6字长以内的词，那么只需要提供6字词的分词文件。分词文件的内容完全由用户决定，用户可以随时添加新词，或重新构建适合本行业或本专业的分词文件，但必须将添加的词插在按文件内码排序的相应位置，而不是简单地追加在分词文件的末尾。

7.2.6　中文分词词典的词的来源

培英小学的小学生成长中文分词词典收集了约8万个词，其来源包括：现代汉语分类词典（苏新春主编，商务印书馆出版，2013年），部编版小学语文词语表，培英小学各科教师提供的教学词汇、档案词汇（人事档案、教育教学档案、文书档案等）、小学生成长数据词汇，学校基本信息词汇（包括学校名称等），教师基本信息词汇（包括教师姓名等），学生基本信息词汇（包括学生姓名等）。另外，还有从大百科全书中精选的67000多个词。

7.3　异构数据库检索

异构数据库检索方式包括通过 Web 方式访问关系型数据库和

非关系型数据库中的数据,以及关系型数据库通过 Web Service 方式访问非关系型数据库的数据。

关系型数据库和非关系型数据库在组成异构数据库之前本身就已经存在,拥有各自的检索系统,并通过 Web 方式访问和检索各自数据库中的数据。关系型数据库的检索方法包括关键词检索、数值检索、日期检索、时间检索、布尔检索等。非关系型数据库的检索方法包括全文检索、数值检索、日期检索、时间检索、布尔检索、同构多库检索、异构多库检索、数据库限制检索、字段限制检索、文字内容限制检索、二次检索、词表检索、间接检索等。

关系型数据库通过 Web Service 方式访问非关系型数据库的数据,须配置非关系型数据库的 IP 地址和访问账号等访问参数。非关系型数据库须对被访问的数据库字段、数据库的文字内容进行授权。关系型数据库访问非关系型数据库有两种方法:一种是在关系型数据库中检索卷内文件目录数据,通过 Web Service 方式读取非关系型卷内文件数据库中同一条记录的电子文件;另一种是在关系型数据库中通过 Web Service 方式对非关系型卷内文件数据库进行全文检索,查找和读取非关系型卷内文件数据库中的电子文件。

7.4 同义词词表检索

同义词词表的扩展是语义资源开发和应用的基础问题,是自然语言处理领域重要的研究方向。同义词词表虽然有半个多世纪的发展史,在我国也有 50 多年的研发历程,但始终缺乏实际运用平台。这使得中文同义词词表长期处于研发阶段,其最根本的原因在于,同义词词表的编制者一般只熟悉同义词词表的内涵,对同义的关系非常清楚,但不熟悉如何将其用在计算机检索系统上,而计算机检索软件开发人员不了解检索用户的需求,不熟悉情报检索这门学科。因此,小学生成长数据检索服务系统中鲜有真正运用同义词词表提供联机查找服务的。本节围绕小学生成长数据同义词词表、同义词词表数据库、同义词词表检索的方法和作用进行论述。

7.4.1 小学生成长数据同义词词表

随着社会发展,词汇学的知识越来越普及,词汇越来越丰富,涌现出大量的同义词。各行各业的同义词都有其各自的特点、来源和范围。小学生成长数据中的同义词现象十分普遍,大量的同义词源于小学教材和日常生活的词汇。丰富同义词、分辨同义词、正确使用同义词将优化和丰富小学生成长数据。

在小学语文教学中,不仅在教材中有与同义词相关的知识短文来讲解同义词的概念,而且在教学中也有了释义和分辨同义词的内容。进一步丰富小学生成长数据的同义词具有重要的意义:一是教师和学生通过丰富、积累同义词,充实语言素材,能在表达时意到笔到、得心应手;二是使用计算机进行查找时,用少量的同义词查找会丢失与检索词高度相关的大量信息,而使用大量的同义词则能最大程度地避免这种情况的发生。因此,为使教师、学生和家长更好地掌握同义词、提高信息检索的查全率,编制一个高质量的同义词词表就显得格外重要。培英小学组织编写了 1100 多组同义词,其包括 3000 多个词，每组词都有详细的说明，例如，"抱负""理想""志向"这三个词是同义词，"理想"侧重想象或希望，"抱负""志向"侧重意图和决心，"抱负"比"志向"程度更深。

典型的同义词词表是，根据意思或内容把每个词与词（或词组）之间的关系，按照树状（或其他形状）结构相互关联起来。小学生成长数据同义词词表包括主题词、同义词和说明，见表 7-1。

表 7-1　小学生成长数据同义词词表（摘要）

主题词	同义词	说明
北京市海淀区培英小学	培英小学、北京市培英小学、海淀区培英小学、友谊小学、沙窝小学	培英小学的前身是友谊小学，成立于 1954 年；1994 年，培英小学和友谊小学合并；2002 年，培英小学和沙窝小学合并
爱惜	爱护、珍惜	爱惜表示因重视而不被糟蹋，重视人力、物力或时间的价值。爱护表示因爱而护，不导致损失和损伤。珍惜表示因珍重而爱惜，对重要或难得的事物爱惜、珍爱
鞭策	催促	鞭策表示鼓励前进。催促是催对方迅速行动
波浪滔天	波涛万顷、波涛滚滚	波浪滔天侧重于水势大。波涛万顷侧重于水势无边无际。波涛滚滚侧重于水的速度
懊悔	改悔、悔悟、悔过	懊悔重在恨自己。改悔是因悔而改。悔悟重在醒悟。悔过重在追悔过失
安稳	沉稳、稳当	安稳侧重于平安、均衡，不摇动。沉稳侧重于做事慎密、举止稳重。稳当侧重于做事有分寸，靠得住

7.4.2　同义词词表数据库

建立小学生成长数据同义词词表数据库，可用于存储小学生成长数据的主题词、同义词和说明。小学生成长数据同义词词表数据库采用非关系型数据库。数据库由记录组成，记录由字段组成。字段类型包括字符字段和文本字段：字符字段被用于存储定长字符串和变长字符串；文本字段被用于存储自由文本中的句子和段落，包括任意数量的段落、任意数量和任意长度的句子，且存储的词数量无限制。小学生成长数据同义词词表数据库基本字段的定义见表 7-2。CT 字段是字符字段，被用于存放主题词。UF 字段是字符字段，被用于存放主题词的同义词或准同义词，同义词的数量无限制。SN 字段是文本字段，被用于存放主题词和同义词的说明内容或其他相关的内容。

表 7-2　同义词词表数据库基本字段的定义

字段编号	字段名	字　段　内　容	字段类型	词数量的限制
1	CT	主题词	字符	1 个主题词
2	UF	主题词的同义词或准同义词	字符	无限制
3	SN	主题词和同义词的说明内容或其他相关的内容	文本	无限制

7.4.3　同义词词表的检索方法

数据库检索系统包括同义词词表数据库检索和目标数据库检索。同义词词表检索方法是借助同义词词表数据库（源库）对目标数据库进行间接检索，用同义词词表数据库检索所获得的结果作为检索词，在目标数据库中进行检索。目标数据库是教育教学、文书、人事、体测、视力、学生基本信息、学校基本信息等数据库。

目标数据库的检索范围可以选择所有的字符字段和文本字段、所有的字符字段、所有的文本字段、一个字符字段、一个文本字段。

同义词词表数据库的检索字段组配有 3 种，每种组配的检索词不同，见表 7-3。可以根据检索的实际情况选择不同的字段组配。词的片段是词的一部分，例如，"波涛万顷"的片段可以是"波涛""万顷"。

表 7-3　同义词词表的检索字段组配和检索词

检索字段组配	检　索　词	选词的字段范围
CT	主题词及其片段	1 个字段
CT、UF	主题词和同义词及其片段	2 个字段
CT、UF、SN	主题词和同义词及其片段，说明内容的单字、词、句子	3 个字段

检索字段组配为主题词。设定目标数据库的检索范围，输入主题词或主题词片段，通过同义词词表数据库启动主题词在目标数据库中进行检索。例如，输入主题词"波浪滔天"，通过同义词词表数据库启动主题词"波浪滔天"在目标数据库中进行检索。

检索字段组配为主题词和同义词。设定目标数据库的检索范围，输入主题词、同义词或词的片段，通过同义词词表数据库启动主题词和所有同义词在目标数据库中进行检索。例如，输入同义词"波涛万顷"，通过同义词词表数据库启动主题词"波浪滔天"、同义词"波涛滚滚"等 2 个词在目标数据库中进行检索。

检索字段组配为主题词、同义词和说明。设定目标数据库的检索范围，输入主题词、同义词、词的片段或说明中的词，通过同义词词表数据库启动主题词和所有同义词在目标数据库进行检索。例如，输入说明内容"水势无边无际"，通过同义词词表数据库启动主题词"波浪滔天"、同义词"波涛万顷""波涛滚滚"等 3 个词在目标数据库中进行检索。

同义词词表检索需要选择目标数据库、目标数据库检索范围、同义词词表数据库、同义词词表数据库的检索字段进行组配。检索方式有主题词检索、同义词检索、说明内容检索。

以检索词"怜悯"为例，选择词表数据库"小学词表库"，检索范围选择"主词"（主题词），选择目标数据库"教育教学"数据库，检索范围选择"任意"（所有字符字段和文本字段），检索界面如图 7-2 所示。检索结果显示检索命中的目标数据库的记录数和目标数据库的详细信息，如图 7-3 所示。

图 7-2　同义词词表检索界面

```
每页显示 10 ∨ 条记录
记录号  命中 档号                年度  顺序号  文件题名
2893        JX-2001-D30-008-001   2001  001    海淀区培英小学《小学生自主学习研究》论文选
3641        DY-2003-D30-004-002   2003  002    海淀区培英小学《不良行为在校生》教育方案
4489        DY-2004-D15-008-004   2004  004    海淀区培英小学2003-2004学年度第一学期思品学科德育教育渗透计划
5721        DY-2005-D15-001-004   2005  004    海淀区培英小学未成年人思想道德教育案例——请给孩子改过的机会
9856        JX-2008-D15-024-002   2008  002    海淀区培英小学2007-2008学年度第二学期课堂教学研讨活动
10026       JX-2008-D15-031-019   2008  019    海淀区培英小学关齐云撰写的我学习我成功我快乐
10044       JX-2008-D15-031-037   2008  037    海淀区培英小学孙爱东撰写的我学习我快乐我成功
10073       JX-2008-D15-032-006   2008  006    海淀区培英小学王艳霞撰写的学习新课程品味新理念
10141       JX-2008-D15-035-003   2008  003    海淀区培英小学杨立红撰写的六年课改工作总结
10166       JX-2008-D15-036-003   2008  003    海淀区培英小学沈艳平撰写的质量分析后的反思
从 1 到 10 /共 28 条数据
首页前一页Page 1          of 3后一页尾页
```

图 7-3　同义词词表检索结果

7.4.4　同义词词表检索的作用

同义词词表检索具有较高的查全率和查准率，应从多方面入手充分发挥同义词词表检索的作用。

（1）提高小学生成长数据的查全率和查准率。在对小学生成长数据进行检索和统计分析时，应包括所有的同义词。例如，用"发挥""发扬""施展"这三个同义词在教育教学数据库进行检索时，可分别获得639条、98条、23条记录，在一条记录中可能同时有"发挥""发扬""施展"中的两个或三个词。如果所用的同义词不全，就可能造成漏检。用逻辑"或"连接成检索式对同义词进行检索可扩大检索范围，提高查全率，防止漏检。例如，用"发挥"或"发扬"或"施展"检索式进行检索，获得的检索结果是726条记录。利用同义词词表数据库，输入"发挥""发扬""施展"中的任何一个词，都可以启动所有同义词在教育教学数据库中进行检索，获得的检索结果也同样是726条记录。

（2）增加词表检索的自然语言入口词数量。为了提高小学生成长数据同义词与教育用词的重合度，可选择具有较高使用频次的简称、关键词和习惯用语，以降低同义词词表应用中对组配的要求。通过大量收录关键词、增加检索入口词、建立检索入口词与主题词之间的联系、增大入口率、引入高频复合词，可以使词表更好地适应词表自动化应用的需要。小学生成长数据同义词词表数据库的说明字段是文本字段，可以容纳小学生成长名词和教育名词的定义、提示、解释等。将自然语言放入词表数据库，可以增加检索入口词。通过同义词词表数据库建立检索入口词与主题词和同义词之间的联系，输入说明中的自由词、词组和句子，可以启动同义词词表中规范的主题词和同义词来进行检索，这极大地方便了用户使用同义词词表数据库进行检索。

（3）快速响应同义词词表的维护更新。许多小学生成长词有同义词，且新的小学生成长词及其同义词还在不断地产生。尽管对现有的小学生成长词及其同义词做了较多的考虑，但依然无法穷尽小学生成长词的同义词。小学生成长数据同义词词表编制周期过长会使词表发展的速度难以与小学生成长词发展的速度相匹配。利用非关系型数据库的数据分析功能来采集和筛选同义词，可以提高同义词词表的质量，减少工作量，缩短同义词词表编制的周期，从而建立起同义词词表更新维护的快速响应机制。

（4）建立同义词词表检索的实际运用平台。鉴于小学生成长数据同义词的特点及教育信息的复杂性，小学生成长数据同义词的标准化工作非常艰巨。将小学生成长数据同义词词表运用于教育信息化实践缺乏实际运用的平台。本书研究的小学生成长数据同义词词表检索系统着眼于教育信息检索的实际应用，在同义词词表编制、用户使用和网络服务三个方面适应教育信息环境和技术环境的发展要求，使小学生成长数据同义词词表处于活跃状态。使用同义词词表检索，可提高查全率，并适应当前教育信息量的增长速度。小学生成长数据同义词词表网络化发布和服务使教育管理机构能够了解同义词词表的作用，更方便地使用同义词词表检索功能，推动教育信息化建设。

7.5 光盘数据检索

对于海量的数据，如果仅有目录信息，数字信息存储介质与传统介质都无法快速找到所需要的信息。利用数据首先需要能快速找到所需信息的方法。数据检索（包括全文检索）是文字信息检索最有效的方法之一，但是针对光盘上的文字信息难以进行数据检索。

自光盘被用于存储数据以来的数十年间，人们一直用分类和目录来存储和检索光盘上的数据资源。这样的系统通常不完善，在小数据范围内，这些方法是有效的，例如，一张光盘存储几百首歌曲，通过目录检索就可以找到所要的歌曲。如果一张光盘存储上万个电子文件，其词汇量上亿，查找这张光盘上的数据就如同大海捞针。当使用数亿张光盘来存储数据时，查找数据就会使人们崩溃。

发明专利"集合型光盘装置的索引访问方式"（日本专利号为JP 特願平 6-170811）提供了一种将记录写入记录文件，将记录文件直接存储在光盘上的技术方案，可对光盘名（或光盘编号）、记录编号（或记录名）以及关键词进行索引，通过检索光盘名（或光盘编号）、记录编号（或记录名）以及关键词可以找到和读取所需的记录。采用这种技术方案能够存储大量的电子文件的记录，但不能对记录中的文字信息进行全文检索。

陶光毅、练亚纯等在发明专利"基于光盘库的数据库存储系统及利用该系统的方法"（中国授权专利号 ZL2013101363281、美国授权专利号 US10255235、日本授权专利号 P6329247）中提出，基于将全部数据装入数据库、在保证数据库数据完整性的前提下，将数据库文件建立在光盘上，对光盘上数据库中的文字信息（包括从文本格式电子文件中抽取的文字信息）进行全文索引，将索引数据存放在光盘或磁盘/固态盘上，以实现光盘数据库的数据检索（全文检索），其检索速度可达毫秒/秒级，读取光盘上数据的速度可达秒级，光盘上数据库响应性能接近磁盘/固态盘在线存储的响应性能，从而提高了光盘存储数据的可用性。

光盘数据检索可以在单张光盘上进行全文检索，也可以在光盘库中的多张光盘上进行全文检索。在实际应用中，可将不同集合的小学生成长数据刻录到光盘上，例如，将每个小学生的成长数据分别刻录在光盘上，并将单台光驱直接与计算机、手机等电子设备连接，手动将光盘放入光驱，可对光盘上的数据进行全文检索和读取。

第八章 数据的分析挖掘

各种类型和格式的结构化数据和非结构化数据被存储在由关系型数据库和非关系型数据库组成的异构数据库中，可以利用异构数据库管理系统对结构化数据和非结构化数据进行分析挖掘。关系型数据库和非关系型数据库拥有各自的分析挖掘功能。本章介绍非关系型数据库的分析挖掘的方法和统计分析的应用实例。

8.1 分析挖掘的方法

将海量的小学生成长数据和学校数据存储在非关系型数据库中，将搜索引擎集成在数据库中，利用索引、中文自动分词、检索、统计分析等功能，对数据库中的数值、日期、时间、文字内容进行分析，具体包括字符字段内容分析、文本字段内容分析、数值字段内容统计与分析、日期字段内容分析、时间字段内容分析等。分析范围是动态设定的，可以是一个或多个字段的数据。将多个字段的数据设定为分析范围时，可用逻辑运算符"与""或""非"组成合适的连接式。点击分析结果的数值或文字，就可以直接调取数据库的详细内容进行溯源。可用列表、柱状图、饼状图和折线图等形式来显示分析结果。本节的示例来自培英小学的数据。

8.1.1 字符字段的整个字段内容分析

对字符字段的整个字段内容进行统计分析，给出整个字段内容中相同和不同的记录数。字符字段的整个字段内容分析须设定整个字段内容重复的次数。使用字符字段的整个字段内容分析方法，不用知道所分析字段的内容，就可以对整个字段内容进行分析。

例1：在家庭问卷调查库中，父母视力字段的内容有3个词组，分别是"父母双方近视""父母无近视""父母一方近视"，对父母视力字段的整个字段内容进行分析，设定重复次数大于0，得到的结果是父母双方近视的学生数为550，父母一方近视的学生数为688，父母无近视的学生数为341，故父母无近视的学生数比例仅为21.6%。

例2：在家庭问卷调查库中，每天户外活动时间字段的内容有4个词组，分别是"1小时以内""1~2小时""2.1~3小时""3小时以上"，对每天户外活动时间字段的整个字段内容进行分析，设定重复次数大于0，得到的结果是1小时以内的学生有877人，1~2小时的625人，2.1~3小时的55人，3小时以上的22人，故每天户外活动时间不足1小时的学生人数比例达55.5%。

例3：在教育教学档案库中，设定检索条件是"区级三好学生登记表",对文件题名字段的整个字段内容进行分析,整个字段的内容是"北京市海淀区教育委员会关于培英小学×××(姓名)的区级三好学生登记表",设定重复次数分别为大于 0、1、2,得到的分析结果是,从 2005年至 2018 年,有 514 人至少一次被评为区级三好学生,有 245 人至少两次被评为区级三好学生,有 123 人三次被评为区级三好学生,并且可以在分析结果栏中打开任何一个区级三好学生登记表进行溯源。

例 4:人事档案库共有 8250 件档案,对姓名字段的整个字段内容进行分析,发现共有 94 名教师的档案,设定重复次数大于 0,档案件数最多的教师有 131 件档案,件数最少的教师有 16 件。

例 5:在文书档案库中,对责任者字段的整个字段内容进行分析,责任者是"海定区培英小学"的文书档案有 3015 件,责任者是"北京市海定区培英小学"的有 319 件,由培英小学单独发文的文书档案数是"北京市海定区培英小学"和"海定区培英小学"作为"责任者"发文数的总和,共计 3334 件,如果仅用"北京市海定区培英小学"进行检索只能查到 319 件,且查不到以"海定区培英小学"作为"责任者"发文的文件。

8.1.2　字符字段中的词的记录数分析

对字符字段中的词进行统计分析,可以给出内容相同和不同的记录数。词的分析须设定词重复的次数。要分析的词须是中文分词词典中的词。使用字符字段中的词分析的方法时,无须知道所分析字段的内容就可以对字段中的每个词进行分析。

例 1:教育教学档案库共有 23218 件档案,对文件题名字段的词进行统计分析，设定重复次数大于 0，共获得 1878 个词，其中，"证书"档案 6052 件，"学籍卡片"档案 4877 件，分别占档案总数的 26.1%、21.0%，由此看出，证书和学籍卡片占了教育教学档案较大的比例。

例 2：人事档案库共有 8250 件档案，对文件名字段的词进行统计分析，设定重复次数大于 0，共获得 759 个词，其中"工资"档案 2904 件，"考核"档案 2410 件，"晋升"档案 1270 件，分别占总件数的 35.2%、29.2%、15.4%，由此看出，工资、考核和晋升是教师档案的重点内容。

8.1.3 文本字段统计分析

文本字段统计分析包括词的记录数分析和词的词数分析。

文本字段中的词的记录数分析是对给定的数据库中的记录，给出特定文本字段中的词的记录数以及分布情况。要分析的词须是中文分词词典中的词。

例：人事档案库共有 8250 件档案，对文本字段中的词进行统计分析，设定重复次数为大于 100，共获得 1384 个词，其中，4587 件档案有"考核"，4096 件有"工资"，1465 件有"晋升"。

文本字段中的词的词数分析是对给定的数据库中的记录，给出特定文本字段中的词的词数以及分布情况。一条记录中一个词可以出现多次。要分析的词须是中文分词词典中的词。

例：人事档案库共有 8250 件档案，对文本字段中的词进行统计分析，设定重复次数为大于 100，共获得 1384 个词，其中，"工资"出现 28185 次，"考核"出现 8662 次，"晋升"出现 1536 次。

8.1.4　数值字段统计

对给定的数据库中的记录（一条、多条或全部记录），计算特定数值字段的最大值、最小值、总和、平均值、方差、标准离差、众数、中值、全距等，以及有值记录数和无值记录数。

例：在体测数据库中，对六年级学生的体重进行统计，去掉无值记录数，得出平均体重为48.88kg，最轻21.50kg，最重103.10kg；对六年级学生的身高进行统计，去掉无值记录数，得出平均身高为154.84cm，最矮132.70cm，最高175.20cm。

8.1.5　数值字段统计分析

对给定的数据库中的记录（一条、多条或全部记录），按照给定的数值范围和间隔值，分析特定数值字段的数值分布情况。

例：在体测数据库中，对2018—2020年三届六年级学生的体重进行统计分析，去掉无值记录数，设定起始值为20.0kg，结束值为109.9kg，间隔值为10.0kg，结果显示，体重在40.0~49.9kg范围内的人数最多，占比为33.6%，具体分布情况见表8-1；对六年级学生的身高进行统计分析，去掉无值记录数，设定起始值为130.0cm，结束值为179.9cm，间隔值为5.0cm，结果显示，身高在150.0~154.9cm范围内的人数最多，占比为29.0%，具体分布情况见表8-2。

表 8-1　六年级学生的体重分布

体重（kg）	人　　数	百分比（%）
20.0～29.9	14	1.9
30.0～39.9	178	24.5
40.0～49.9	244	33.6
50.0～59.9	153	21.1
60.0～69.9	97	13.3
70.0～79.9	28	3.9
80.0～89.9	10	1.4
90.0～99.9	1	0.1
100.0～109.9	2	0.3

表 8-2　六年级学生的身高分布

身高（cm）	人　　数	百分比（%）
130.0～134.9	1	0.1
135.0～139.9	12	1.7
140.0～144.9	55	7.6
145.0～149.9	112	15.4
150.0～154.9	211	29.0
155.0～159.9	172	23.7
160.0～164.9	80	11.0
165.0～169.9	62	8.5
170.0～174.9	21	2.9
175.0～179.9	1	0.1

8.1.6　时间字段统计分析

时间字段统计分析是对给定的数据库中的记录（一条、多条或全部记录），按照时间范围以及时、分、秒的间隔值，分析特定时间字段记录数量的分布情况。

8.1.7 日期字段统计分析

对给定的数据库中的记录（一条记录、多条记录或全部记录），按照日期范围以及年、月、日的间隔值，分析特定日期字段记录数量的分布情况。

例：在学生基本信息库中，对 2018—2019 学年度在校生的出生日期进行统计分析，设定起始值为 2007 年 9 月 1 日，结束值为 2013 年 8 月 31 日，间隔值为 1 年，结果见表 8-3，可见 2012 年出生的学生人数最多。

表 8-3　不同出生年份的学生人数分布

出 生 年 份	人　　数	百分比（%）
2007	93	5.6
2008	255	15.3
2009	259	15.6
2010	233	14.0
2011	283	17.0
2012	343	20.6
2013	200	12.0

8.2　统计分析的应用

本节结合培英小学视力检查的实际情况，介绍视力统计分析出现的问题和不同视力人数统计分析的实例。

8.2.1 视力统计分析出现的问题

（1）统计漏填或漏检的数据。设定特定字段的检索条件为空项（无记录），对漏填或漏检的数据进行统计。

例：培英小学 2020—2021 学年度第一学期参加视力检查的学生有 1671 人，设定检索条件为 2020—2021 学年度，右眼视力字段为空项，结果显示，漏填或漏检右眼视力的学生有 93 人。在右眼视力字段空项检索结果的基础上，采用字符字段统计分析的方法，对入校年级字段中的整个字段内容进行统计分析，获得漏填或漏检右眼视力的入校年级及各入校年级漏填或漏检右眼视力的人数。点击统计结果中的"记录数"或"入校年级"，可显示各入校年级学生中漏填或漏检右眼视力的详细信息，见表 8-4。

表 8-4　2020—2021 学年度视力检查漏填或漏检人数

入 校 年 级	2015 年	2016 年	2017 年	2018 年	2019 年	2020 年
漏填或漏检人数	19	24	19	16	13	2

（2）统计错填的数据。一般情况下，视力为 0 是错填。

例：设定右眼视力字段的检索条件为 0，对错填右眼视力人数进行统计，获得错填右眼视力的人数分布。

8.2.2 不同视力人数的统计分析

（1）好视力人数的统计分析。好视力是指双眼视力均为 5.1 及以上。采用逻辑"与"检索式，设定检索条件为［右眼视力大于 5.0 "与"左眼视力大于 5.0］，对好视力人数进行统计分析。

（2）边缘视力人数的统计分析。边缘视力是指至少一只眼的视力为 5.0，另一只眼不低于 5.0。采用逻辑"与"和"或"检索式，设定检索条件为［右眼视力起止 5.0～5.0 "与"左眼视力大于 4.9 "或"左眼视力起止 5.0～5.0 "与"右眼视力大于 4.9］，对边缘视力人数进行统计分析。

（3）不良视力人数的统计分析。不良视力是指至少一只眼的视力低于 5.0。采用逻辑"或"检索式，设定检索条件为［右眼视力小于 5.0 "或"左眼视力小于 5.0］，对不良视力人数进行统计分析。

CHAPTER 9

09 第九章
数字化赋能教育

　　数字化转型迈出了新步伐，数字化赋能教育、赋能学校、赋能教师、赋能家庭、赋能学生成为热门话题。2023年第六届中国教育创新成果公益博览会对数字化赋能教育给予了高度重视。数字化对于我们来说既遥远又亲近。遥远在于，面对海量的数据，我们如何能搞懂、用好。亲近在于，这些数据就在我们的身边，时时刻刻地产生并发挥着作用。培英小学通过加强教育基础网络建设、平台建设和应用建设等措施，促进信息技术与教育教学深度融合，让数字化赋能学校高质量发展。本章介绍培英小学的数字化工作，围绕学生信息、教师信息、档案数据、学校管理应用和数据驱动学校管理决策等进行论述。

9.1　数字化工作

　　数字化大大提高了数据管理的效率。本节介绍培英小学数字化的提出和纸质资料的数字化工作，以及纸质档案和电子档案的双套管理工作。

9.1.1 数字化工作的背景和概况

培英小学的数字化工作可以追溯到 2014 年，当时正值培英小学办学 60 周年纪念，学校认真收集、整理了 60 年来的成长足迹。在建立学校展室的过程中，学校管理者深刻地感受到，尽管学校走过了 60 个年头，但由于受技术、场地、人员和经费的限制，加上疏于保管，留存下来的东西较少，尤其是学校早期的资料非常少，且大部分是纸质资料，被分散堆放在学校不同的地方，由不同的人员保管。这些记录着培英小学全体师生员工工作学习足迹的宝贵纸质资料究竟还能留存多久，不得而知。

学校管理者清楚地认识到，纸质资料数字化是当务之急，也是起步工作。2016 年，随着人事档案管理权限由学区下放到学校，学校接收了自建校以来全部的在职及离退休教职工的纸质人事档案。学校经过深入的调研和咨询，将纸质资料数字化定为试点工作。为此，学校申请了北京市海淀区教育科学"十三五"规划课题，制定了切实可行的实施方案，筹集资金，在专业人员的指导下开展工作。首要工作是对百余名教师的纸质人事档案进行归档整理，这些档案分为十类：履历材料；自传材料；鉴定、考核、考察材料；学历、学位、职称等材料；政审材料；入党（团）材料；奖励材料；处分材料；录用、任免、聘用、工资等材料；其他可供组织参考的材料。其中的第四、九大类又包括若干个二级类别。教师年度考核表是每个教师每年必须提交且归档的材料，是教师业绩的重要证据。按照

GB/T 33870—2017《干部人事档案数字化技术规范》、DA/T 31—2017《纸质档案数字化规范》、DA/T 77—2019《纸质档案数字复制件光学字符识别（OCR）工作规范》，对纸质人事档案进行高质量的数字化处理，同时按照档号编制规则给人事档案编制档号，便于今后在计算机等电子设备上利用。在取得人事档案数字化的经验后，学校又对建校以来（包括2所合并校）的教育教学、文书、合同、财务等纸质档案进行整理归档和数字化，并将纸质档案数字化副本备份到光盘上。

9.1.2　电子档案管理方式

由于数字数据和电子文件具有可复制、易篡改和依赖设备系统读取等特性，实践中一般要求将具有永久保存价值或其他重要价值的电子文件转换为纸质文件同时归档，实行双套管理，但对于计算机、手机等电子设备快速生成的海量数字数据，纸质媒体没有存储海量数据的能力，音视频等数据不能用纸质媒体来存储。随着办公自动化系统、业务系统的广泛应用，电子文件和电子档案管理的研究和实践不断深入，对数字数据和电子文件仅以电子形式进行归档和管理（即单套管理）的条件已基本成熟，推动单套管理已成为信息化条件下亟待解决的社会课题。2020年6月20日修订通过的《中华人民共和国档案法》提出的"电子档案应当来源可靠、程序规范、要素合规""电子档案与传统载体档案具有同等效力"等要求，为电子档案单套管理提供了法律支撑。DA/T 92—2022《电子档案单套管理一般要求》明确提出，电子档案单套管理是仅以电子形式归档电子文件和管理电子档案的方式。

目前，培英小学档案实行纸质档案和电子档案双套管理方式，对音视频和大部分数码照片实行单套管理，建立了电子档案管理系统。电子档案管理系统有严格的权限设置，既保证了个人查阅档案简便快捷，方便各部门管理员、档案管理员、学校领导的审批，又设立了严格的档案审批程序，便于学校开展工作，提高工作效率。电子档案借阅流程如图 9-1 所示。电子档案借阅流程为：（1）个人填写借阅申请登记，提交给部门负责人；（2）部门负责人核对申请，在电子借阅文件列表中选择文件，其仅可看题名，不能读取原文件，并将文件名提交给档案管理员；（3）档案管理员打开原文件进行确认，对于一般档案，审批后发给借阅者；（4）借阅者收到同意的审批意见后，在限定时间内打开原文件阅读；（5）对于重要档案，档案管理员提交给档案主管复审；（6）档案主管复审重要档案，然后将复审意见提交给学校领导；（7）学校领导将重要档案的核准意见批示给档案管理员；（8）档案管理员按照学校领导核准意见进行审批，然后发给借阅者；（9）借阅者收到同意的审批意见后，在限定时间内打开原文件阅读。

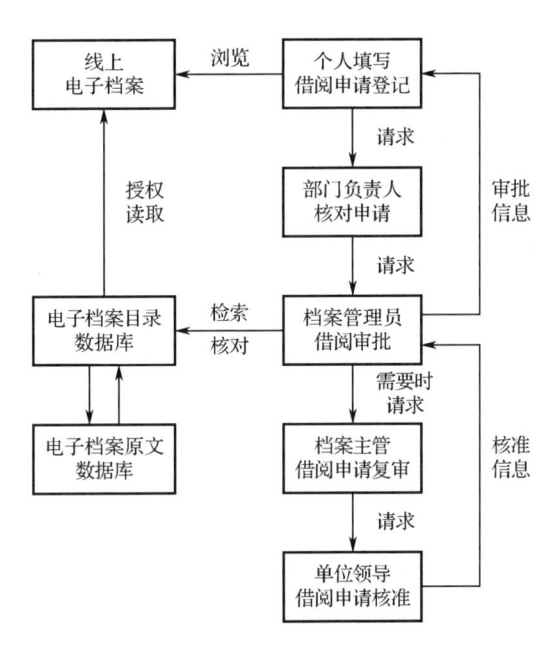

图 9-1　电子档案借阅流程

教师在评定职称时，可以通过线上（局域网）阅读考核表等电子档案。学校管理者可以在电子档案管理系统中查阅和了解相关信息，为学校管理决策等环节提供有力支撑。

9.2 学生信息

在实现教师人事、教育教学、文书等电子档案和教师数字信息管理的基础上，学校进一步将所采用的技术和方法用于学生信息管理。培英小学在校学生约1700人，历届毕业生总数超过1.6万人，每个学生都有自己的成长足迹。学校可以收集的数据和内容较多，且比较杂乱，需要判定哪些资料和数据需要长期保存。学生数字信息包括学生基本信息、受教育信息、德智体发展信息、健康信息、校内外活动记录、成长电子档案等。本节介绍学生基本信息、学生评价信息、视力数据、体测数据、睡眠数据和家庭问卷数据的具体内容，并对部分内容进行分析挖掘。

9.2.1 学生基本信息

学生基本信息有76项，其中，学生个人信息42项，父母信息22项，监护人信息12项。学生基本信息对学校管理者和教师、教育机构都非常重要，可以通过对学生基本信息进行分析，赋能学校教育。学生基本信息数据库共有76个字段，其中，字符字段75个，日期字段1个。可对学生基本信息进行快速检索和分析挖掘。学校根据分析挖掘结果，动态、及时地调整学校的教育和管理策略。本节以 2018—2019 学年度的学生基本信息为例进行分析挖掘。

学生个人信息中,健康信息包括健康状况、过敏史、既往病史、残疾信息等内容,家庭相关信息包括独生子女、留守儿童、进城务工人员子女、孤儿、烈士或优抚子女、困难家庭子女、流动人口等内容。父母信息的重点内容是工作单位、职务或职业、政治面貌、学历,以及是否与孩子生活在一起。监护人信息的重点内容也是工作单位、职务或职业、政治面貌、学历,以及是否与孩子生活在一起。此外还有家庭住址、就读方式等重要信息。

针对随班就读的残疾学生(如听力残疾、智力残疾、其他残疾),学校在管理中会有一定的措施。学校有港澳台学生、华侨学生和外籍学生(如澳大利亚、美国、加拿大、马来西亚、哥斯达黎加籍等)就读,这对学校管理也提出了更高的要求。走读和住宿的就读方式对学校管理的要求差别较大,学生全部走读就不需要宿舍等配套设施。当我国实施全面两孩政策后,独生子女的比例呈现下降趋势,表 9-4 是培英小学的独生子女分布情况。我国是多民族国家,表 9-5 是培英小学的学生民族分布情况。

表 9-4　独生子女分布情况

年　　级	独生子女占比(%)	非独生子女占比(%)
一年级	64.40	35.60
二年级	64.40	35.60
三年级	67.18	32.82
四年级	79.22	20.78
五年级	85.10	14.90
六年级	85.04	14.96

表 9-5 学生民族分布情况

民　　族	人数占比（%）	民　　族	人数占比（%）
汉族	91.52	侗族	0.12
满族	3.67	壮族	0.12
回族	1.62	白族	0.06
蒙古族	1.50	黎族	0.06
土家族	0.66	锡伯族	0.06
朝鲜族	0.18	瑶族	0.06
苗族	0.18	畲族	0.06
傣族	0.12		

培英小学有过敏史的学生数占比约 9.6%，过敏项目有数十项，包括牛奶、荔枝、芒果、鸡蛋、腰果、阿莫西林、头孢、青霉素、麻疹疫苗等。每个过敏学生的过敏项目不尽相同，有一项或多项过敏，如同时对猫狗毛、尘螨、雾霾和鸡蛋过敏。在既往病史中，有先天性心脏病、心肌炎、高热惊厥、白血病、耳聋（佩戴人工耳蜗）等。在学校管理中对有过敏史和既往病史的学生给予高度的关注和照顾，尤其需要家校密切的配合。

在学校管理中，对学生过敏数据进行统计分析，动态掌握学生过敏状况，从而采取相应的措施，保护学生健康。分析方法如下。

（1）获取组配完全相同的过敏项目分布情况。使用字符字段的整个字段内容分析方法，不需要知道过敏项目名称，只需要对过敏史字段的整个字段内容进行分析。设定过敏史字段的整个字段内容的重复次数大于 0，可获得七十多种组配完全相同的过敏项目分布，组配的过敏项目有 1～4 个不等。按过敏学生数排列前 6 位的组配完全相同的过敏项目分布情况见表 9-6。同时对牛奶和鸡蛋过敏的学生最多，占全校学生总数的 0.60%。点击分析结果中的过敏项目组配名或过敏学生数，可以读取数据库中组配完全相同的过敏项目的详细信息及学生信息。

表 9-6　组配完全相同的过敏项目分布情况（按过敏学生数排列前 6 位）

过敏项目组配	过敏学生数	过敏学生数占比（%）	过敏项目数
牛奶、鸡蛋	10	0.60	2
青霉素	9	0.54	1
牛奶	8	0.48	1
头孢、青霉素	4	0.24	2
头孢	4	0.24	1
花粉	4	0.24	1

（2）获取过敏项目总体分布情况。使用字符字段中的词分析方法，不需要知道过敏项目的名称，只需要对过敏史字段的每个过敏项目名称进行分析。设定过敏史字段中的词重复次数大于 0，每个过敏项目名称必须是中文分词词典中的词，可获得 40 多个过敏项目总体分布，具体分布情况见表 9-7，对牛奶过敏的学生最多，占全校学生总数的 1.38%。点击分析结果中的过敏项目名称或学生数，可以读取数据库中每个过敏项目的详细信息及学生信息。

表 9-7　过敏项目总体分布情况

过 敏 项 目	过敏学生数	过敏学生数占比（%）
牛奶	23	1.38
鸡蛋	18	1.08

续表

过 敏 项 目	过敏学生数	过敏学生数占比（%）
青霉素	15	0.90
头孢	10	0.60
花粉	7	0.42

（3）获取与牛奶组配的过敏项目组。对牛奶过敏的学生最多，与牛奶组配的过敏项目组也最多，共有 7 组，见表 9-8。

表 9-8　与牛奶组配的过敏项目组

过敏项目组	过敏学生数	过敏学生数在组配项目总数的占比（%）
牛奶、鸡蛋	10	43.48
牛奶	8	34.78
牛奶、小麦	1	4.35
牛奶、牛肉、大豆	1	4.35
牛奶、大豆	1	4.35
牛奶、西红柿	1	4.35
牛奶、牛肉	1	4.35

此外，在小学生成长过程中，父母对子女的影响很大，父母的学历也是非常重要的学生基本信息。父母学历分布情况见表 9-9，父亲本科以上学历的占 75.23%，母亲本科以上学历的占 69.76%，显示父母双方的学历水平整体较高。

表 9-9　父母学历分布情况

学历	研究生（%）	本科（%）	专科（%）	高中（%）	职业高中（%）	中专（%）	技工学校（%）	初中（%）	小学（%）
父亲	30.79	44.44	15.91	4.92	0.32	2.20	0.19	1.16	0.06
母亲	21.25	48.51	20.03	4.97	0.58	2.52	0.06	1.94	0.13

9.2.2　学生评价信息

在不同的语言环境下，小学生成长数据的含义有区别。例如，从小学生六年发展的角度来看，一年级语数英综合评价是"优"，二年级到六年级也是"优"，一年级的"优"与六年级的"优"肯定是不一样的，其差异是什么，不易区分，需要具体描述。从一个班级来看，95%的学生成绩都是"优"，但学生之间是存在差距的。因此，"优"的具体内容更加重要。

记录学生的日常活动（如学生在校表现、为班集体服务）可用文字叙述或是用红星表示。主动帮助社区进行垃圾分类、桶前值守、过马路搀扶老人等，这些内容是用文字表述的。学生日常参加科技艺术等活动、比赛的内容以文字表述为主，这些都可以成为小学生成长数据的一部分，并对实物奖品进行拍照或扫描，作为小学生成长数据的一部分，存储在奖品电子档案数据库中。

1996—2017年度全校学生获奖奖品共460件，按年度进行统计分析的结果见表9-10。

表 9-10 1996-2017 年度奖品数量

年　份	数量（个）	年　份	数量（个）
1996	2	2007	32
1997	1	2008	22
1998	1	2009	22
1999	2	2010	43
2000	27	2011	39
2001	5	2012	34
2002	5	2013	34
2003	15	2014	28
2004	21	2015	26
2005	19	2016	42
2006	29	2017	11

9.2.3　视力数据

近几年，青少年近视发病比例逐年上升，这已成为一个世界性问题。我们必须高度重视近视对我国青少年身体素质的影响。我国学生群体近视率已攀升至 88.5%。其中，小学生的视力不良检出率为 43.5%，且主要分布在 10～12 岁年龄段。

近几年，培英小学学生的近视率一直颇高，是培英小学的一块短板，且在北京市海淀区红色预警范围内。这已引起了学校的高度重视，并采取了多项措施改善学生视力。学校采用数字化赋能学生健康的方法，收集和整理 2012—2021 年全校学生的视力数据，并录入学生视力数据库。采用数值统计的方法（具体方法参见第 8 章），获得了学生视力检查结果，见表 9-11。可见，这期间不良视力占比呈下降趋势，边缘视力占比呈锯齿形变化，好视力占比后期明显上升。

表 9-11　2012—2021 年度全校学生视力检查结果

视力检查日期	不良视力占比（%）	边缘视力占比（%）	好视力占比（%）
2012 年 5 月	63.74	27.33	8.93
2013 年 5 月	69.62	21.54	8.85
2014 年 5 月	62.78	32.94	4.27
2015 年 6 月	59.35	28.28	12.37
2016 年 3 月	57.79	37.22	4.99
2017 年 3 月	57.10	38.76	4.14
2018 年 5 月	59.48	34.55	5.98
2019 年 4 月	57.81	38.45	3.74
2020 年 9 月	58.53	30.94	10.53
2021 年 3 月	49.82	22.93	27.25
2021 年 9 月	42.90	25.82	31.28

学校进一步对不同年级视力的整体状况进行了统计，并分析了可能的原因，见表 9-12。

表 9-12　不同年级视力的整体状况及原因分析

年级	边缘视力及不良视力的占比	可能的原因	学习用眼时间	学习压力
一、二年级	低	入学时间不长，较好地听从老师的提示	少	小
三、四年级	高	自制力弱，老师提示效果较差，愿意用自认为舒适的方式看书、写字，不太认真做眼保健操	中	中
五、六年级	中	有一定的自制力，较好地听从老师的提示，用正确方式看书、写字，认真做眼保健操	多	大

根据影响视力的因素，学校开展了问卷调查，调查内容包括用眼姿势、用眼时长、光线、睡眠、营养、体育运动、父母视力等要素。根据对2015级至2018级（三年级至六年级）近千名学生父母的视力状况的调查结果，父母一方近视的占44.19%，双方近视的占32.77%，双方无近视的占23.05%。非不良视力学生的父母的视力要好于不良视力学生的父母的视力。根据2020年对2015级至2020级学生的视力与体测数据之间关系的调查结果，体测综合成绩好的学生的视力要好于体测综合成绩差的学生。

基于以上的数据和分析，学校多部门联合制定了干预方案，从十个方面开展工作：（1）关注学生每天一小时锻炼、体育课和课间操时间的利用，提高学生身体素质；（2）重点关注上下午各一次眼保健操时间专时专用的情况，加强眼保健操的检查与指导，加强眼保健操规范的培训；（3）对于边缘视力的学生，各班老师应做到心中有数，并有意识地敦促他们课间休息时要出去活动，尽量做远眺，改变用眼习惯来舒缓视疲劳等；（4）在寒暑假时致家长一封信，提示关注学生一日作息、用眼时间及用眼环境；（5）每年9月进行第二次视力测试，并有针对性地给家长反馈视力信息；（6）持续关注新生视力的发展情况，学校连续三年为新生配备视力架，由老师指导学生在校使用，从源头规范用眼"三个一"；（7）加强家校沟通，提供家庭用眼指导，对不良及边缘视力的学生给其家长书面建议书；（8）制定电子屏使用时间管理规范，每节课控制在20分钟以内；（9）不得用手机留作业，一、二年级不留书面作业，三、四年级书面作业控制在半小时以内，五、六年级控制在一小时以内；（10）为班级更换保护视力的窗帘。

通过近三年的不断干预，全校学生的视力不良率和新发率均有小幅度的下降。2019 年 5 月的学生视力检查数据显示，在参加检查的 1552 名学生中，视力不良的有 898 人，视力不良率为 57.9%。2020 年 9 月，学校进行了第二次视力检查，参加检查的学生有 1579 人，视力不良的有 886 人，视力不良率为 56.1%。将 2019 年和 2020 年两次的视力检查数据进行比较发现，不近视的学生人数在增多，视力不良新发人数和新发率都在降低。

视力架的使用对视力干预起到了积极的作用。从入学第一天开始，老师就开始教孩子"眼离书本一尺远，胸离桌边一拳远"。由于低年级学生的自我管理能力较弱，难以长时间保持正确的坐姿，视力架可以有效地纠正或控制学生的坐姿，使孩子们保持端正的读写姿势，在一定程度上有助于降低视力不良率。从 2021 年 9 月开始，学校为一年级新生配发视力架，这得到了广大家长的赞扬。家长们建议，节假日让孩子们把视力架带回家中继续使用。学校采纳了家长的建议。同学们非常爱惜自己的视力架，每天都按时使用，视力架已成为陪伴他们学习的好伙伴。2021 级学生从入校时就开始使用视力架，全年级的视力不良率从 2021 年 9 月的 23.99% 增加到 2023 年 10 月的 30.22%，仅提高了 6.23 个百分点，见表 9-13。而 2020 级学生一直未使用视力架，全年级的视力不良率从 2021 年 9 月的 29.67% 增加到 2023 年 10 月的 41.80%，提高了 12.1 个百分点，见表 9-14。未使用视力架的学生视力不良率的增幅明显高于使用视力架的学生视力不良率的增幅，由此可见，使用视力架对保护视力有积极的作用。

表 9-13　2021 级视力不良率检测结果（使用视力架）

班级	2021 年 9 月视力不良率（%）	2023 年 10 月视力不良率（%）
1 班	15.91	25.58
2 班	27.27	26.67
3 班	15.91	22.22
4 班	29.55	31.82
5 班	30.32	38.64
6 班	25.00	36.36
全年级	23.99	30.22

表 9-14　2020 级视力不良率检测结果（未使用视力架）

班级	2021 年 9 月视力不良率（%）	2023 年 10 月视力不良率（%）
1 班	21.74	53.33
2 班	30.43	38.64
3 班	18.18	35.56
4 班	38.10	47.73
5 班	30.43	40.00
6 班	39.13	35.56
全年级	29.67	41.80

在新冠疫情期间，学校关注影响学生视力的因素，撰写了疫情期间学生视力发展情况的调研报告，并荣获了北京市海淀区教育规划论文一等奖。通过收集和保存较长时间学生的视力数据，学校能查阅学生在校 6 年期间视力变化的情况，按全校、班级、学生个体全面掌握视力变化的情况。大量的视力数据为学校的管理决策提供了有力的支持，如提示学校管理者应重视哪些方面的管理、提醒班主任老师针对本班的情况开展哪些方面的工作、告知家长学生的视力情况、倡导家校联手保护孩子视力等，这使得学生、家长、老师、学校管理者共同关注学生的视力。基于大数据存储技术，能够长期保存视力数据，这有利于数据分析挖掘和学校管理决策。

9.2.4 体测数据

随着物质生活水平的大幅提高和不健康生活方式的形成，肥胖和超重的小学生数量日趋增加，这严重影响了小学生的整体体质。小学生体测数据包括综合成绩、综合评定、身高、体重、身高体重等级、肺活量成绩和等级、短跑成绩和等级、坐位体前屈成绩和等级、一分钟跳绳成绩和等级等数据。

身高体重等级分为肥胖、超重、正常体重、较轻体重四个等级。对培英小学 2018—2020 年学生身高体重等级进行统计分析（见表 9-15），结果显示，2018 年和 2019 年的身高体重等级几乎无变化，但 2020 年新冠疫情发生后，肥胖和超重的占比大幅增加，分别较 2019 年增加了 3.71 和 3.16 个百分点，正常体重的占比减少了 6.26 个百分点。

表 9-15　2018—2020 年学生身高体重不同等级占比

年　份	肥胖（%）	超重（%）	正常体重（%）	较轻体重（%）
2018	13.07	13.39	69.76	3.78
2019	13.07	13.62	70.46	2.86
2020	16.78	16.78	64.20	2.24

对 2018—2020 年的体测综合成绩进行统计分析（见表 9-16），结果显示，最低分 25.0 分，最高分 120.0 分。评定标准是，90.0 分及以上为优秀，75.0~89.9 分为良好，60.0~74.9 分为及格，60.0 分以下为不及格。统计总人次为 4870 人次，体测不及格的人次占 1.2%，及格的人次占 14.3%，良好的人次占 51.9%，优秀的人次占 32.7%。

表 9-16　2018—2020 年的体测综合成绩

成绩（分）	人　　次	成绩（分）	人　　次
25.0～39.9	3	80.0～84.9	982
40.0～44.9	5	85.0～89.9	816
45.0～49.9	5	90.0～94.9	597
50.0～54.9	10	95.0～99.9	414
55.0～59.9	33	100.0～104.9	287
60.0～64.9	92	105.0～109.9	195
65.0～69.9	180	110.0～114.9	77
70.0～74.9	424	115.0～119.9	19
75.0～79.9	730	120.0～120.0	1

9.2.5　睡眠数据

小学生睡眠时间一般每天应不少于 10 小时。睡眠数据包括日期、就寝时间、起床时间、日睡眠时长。对培英小学 1700 名学生 2021 年 10 月至 12 月的日睡眠时长进行统计分析（见表 9-17），记录天数合计 151220 天，结果表明，日睡眠时长不少于 10 小时的天数占 73.23%。

表 9-17　2021 年 10 月至 12 月日睡眠时长分布

日睡眠时长（小时）	记录数（天数）	日睡眠时长（小时）	记录数（天数）
小于 5.9	6	9.5～9.9	20945
6.0～6.4	2	10.0～10.4	89458
6.5～6.9	2	10.5～10.9	12109
7.0～7.4	40	11.0～11.4	6775
7.5～7.9	111	11.5～11.9	1048
8.0～8.4	1434	12.0～12.0	885
8.5～8.9	2899	大于 12.1	456
9.0～9.4	15050		

9.2.6 家庭问卷数据

家庭问卷调查是家校沟通的重要方式。为了更好地了解学生在家里的学习和生活情况，培英小学不定期地针对一个主题（或问题）采用家庭问卷的方式与家长沟通，如有关视力的家庭问卷、有关睡眠的家庭问卷、有关体育锻炼的家庭问卷、有关饮食的家庭问卷等。在学校教育和管理中，通过对家庭问卷数据的分析，找出解决问题的方法和改进的措施。

有关视力的家庭问卷数据包括母亲近视度数、父亲近视度数、学生近视度数、眼镜近视度数、眼镜散光度数、眼睛治疗方式（OK镜、针灸、耳豆、艾灸、眼部理疗仪）、眼保健操、使用电子产品时间、户外活动时间、线下课外班、线上课外班、坐姿和拿笔、在家使用学习桌椅、用眼时长、强弱光下看书玩耍、躺着看书写作业看电视、坐车走路看手机或看书、在家使用护眼灯、睡眠时间、居住环境（学习房间采光、噪音）、饮食情况（蔬菜水果种类、甜食）等内容。家庭成员近视度数（母亲、父亲、子女）的统计分析结果见表 9-18，其中，母亲的近视率最高，达 59.6%，父亲的近视率为 54.9%，子女的近视率最低，仅为 30.5%。

表 9-18 家庭成员近视度数的统计分析

家庭成员	300 度以下（%）	300~600 度（%）	600 度以上（%）	合计（%）
父亲	26.5	22.8	5.6	54.9
母亲	29.2	24.0	6.4	59.6
学生	26.7	3.61	0.19	30.5

9.3 教师信息

教师信息代表教师个体的成长足迹，而从其整体又可以看出学校师资队伍的状况和特点。本节介绍教师基本信息、教学资源和教师人事档案数据，对教师人事档案数据的部分内容进行分析挖掘。

9.3.1 教师基本信息

教师基本信息数据包括姓名、性别、出生年月、民族、政治面貌、职务、籍贯、调入时间、身份证号、参加工作时间、聘用合同起始时间、聘用合同终止时间、年龄、连续工龄、教龄、职称、现职称任职时间、现职称任职年限、岗位级别、现岗位任职时间、现岗位任职年限、岗位工资、薪级级别、薪级工资等数据。可以对任何一项进行统计分析，并与学校管理相结合。例如，汇总分析教师年龄、职称结构、教师考核登记表的文字内容等，可帮助学校掌握教师比例、结构、素质、工作态度、创新精神等信息，并为学校制定分层培训计划打下良好的基础。在分层培训的基础上制定学校未来五年的招聘规划，并下达人事部门提前物色人选。

采用字符字段统计分析的方法，对培英小学教师的岗位级别进行统计分析，对岗位级别字段的整个字段内容进行统计分析，可获得各岗位级别的人数，见表 9-19。

表 9-19　各岗位级别的人数

岗 位 级 别	人　　数	占比（%）
管理九级	1	1.15
见习期	1	1.15
专业技术六级	3	3.45
专业技术七级	7	8.05
专业技术八级	14	16.09
专业技术九级	20	22.99
专业技术十级	17	19.54
专业技术十一级	9	10.34
专业技术十二级	15	17.24

9.3.2　教学资源

教学资源是指在教学过程中支持教与学的所有资源，即一切可以被师生开发和利用的用于教与学的物质、能量和信息，包括各种学习材料、媒体设备、教学环境及人力资源等。教学资源数据包括课件、教案、试题、教学研讨、教学记录等数据。教学记录是教学过程中的重要资料，通过教学记录可以考查教师的业务水平，及时反馈教学情况，总结经验和教训，这有利于改进教学方法和提高教学效果，又可以为学校积累教学资源。

9.3.3　教师人事档案数据

培英小学在职教师人事档案最早的是 1974 年的，考核登记表最早的是 1979 年的。对教师人事电子档案数据库中考核登记表的年度件数进行统计分析，1979—2023 年度的件数见表 9-20。可以看出，1979—1988 年收集的考核登记表很少，从 1989 年开始，逐年增加，件数最多的年份是 2019 年，为 87 件。

表 9-20　1979—2023 年度考核登记表的件数

年　份	件　数	占比（%）	年　份	件　数	占比（%）
1979	1	0.05	2005	70	3.27
1981	1	0.05	2006	68	3.17
1985	3	0.14	2007	72	3.36
1988	4	0.19	2008	75	3.50
1989	12	0.56	2009	75	3.50
1990	20	0.93	2010	76	3.55
1991	19	0.89	2011	81	3.78
1992	21	0.98	2012	82	3.83
1993	26	1.21	2013	86	4.01
1994	31	1.45	2014	86	4.01
1995	44	2.05	2015	86	4.01
1996	40	1.87	2016	86	4.01
1997	46	2.15	2017	49	2.29
1998	50	2.33	2018	83	3.87
1999	63	2.94	2019	87	4.06
2000	62	2.89	2020	72	3.36
2001	61	2.85	2021	70	3.27
2002	64	2.99	2022	71	3.31
2003	62	2.89	2023	71	3.31
2004	66	3.08			

对 2019—2023 年教师考核登记表的文字内容进行统计分析，考核登记表共计 371 件、1571 个词，体现教师的素质、工作态度、创新精神的部分词及考核登记表数见表 9-21。

按日期（年度）对 2019—2023 年教师考核登记表的文字内容

进行统计分析，考核登记表共计 371 件，教育、教学、科研相关的部分词及考核登记表数见表 9-22。从表中可以看出，"教学工作"出现的频率最高，而"视力"出现的频率最低。

表 9-21　2019—2023 年教师考核登记表中的部分词及考核登记表数

词	登记表数（件）
带头	48
兢兢业业	28
勤勤恳恳	27
尽心尽力	25
丰富多彩	23
顾全大局	22
有条不紊	22
因材施教	20
脚踏实地	12
力所能及	12
不厌其烦	11
全心全意	11

按日期（年度）对 2019—2023 年教师考核登记表的文字内容进行统计分析，考核登记表共计 371 件，教育、教学、科研相关的部分词及考核登记表数见表 9-22。从表中可以看出，"教学工作"出现的频率最高，而"视力"出现的频率最低。

表 9-22　2019—2023 年教师考核登记表各年度的部分词及考核登记表数

词	2019年考核登记表数（件）	2020年考核登记表数（件）	2021年考核登记表数（件）	2022年考核登记表数（件）	2023年考核登记表数（件）	合计考核登记表数（件）
教学工作	48	49	49	51	51	248
职业道德	27	32	28	28	26	141

续表

词	2019年考核登记表数（件）	2020年考核登记表数（件）	2021年考核登记表数（件）	2022年考核登记表数（件）	2023年考核登记表数（件）	合计考核登记表数（件）
课堂教学	25	28	24	24	27	128
激发	29	17	29	26	24	125
成长	22	22	27	25	18	114
教育方针	20	19	22	17	13	91
素养	14	13	19	18	25	89
健康	12	24	14	12	23	85
学习兴趣	5	6	7	10	11	39
数据	6	8	7	10	5	36
课程标准	1	4	6	6	11	28
核心素养	0	4	3	2	9	18
素质教育	4	3	2	1	1	11
大数据	0	1	1	4	2	8
小学生成长数据	0	0	1	3	2	6
视力	1	1	0	2	1	5

9.4　档案数据

　　小学档案数据包括小学生成长、教育教学、文书、科技、人事、数字化奖品实物、合同、财务、照片、音视频等。本节重点介绍教育教学档案数据和文书档案数据，并对部分档案数据进行挖掘和分析。

9.4.1　教育教学档案数据

　　教育教学档案的内容在一定程度上反映了学校教育教学和学校管理的能力和水平。培英小学的教育教学档案的内容包括教学管理制度、教学管理报告、教学要求、学科等级制评价标准、教学工作总结、教研组活动、校本培训、教育课题、教学计划、教学设计、课程调查问卷、教师职责、优秀教师、优秀班主任、教育科研论文、三好学生登记表、先进班集体、学生名册、学籍卡片、毕业证书存根等。其中，教学工作总结包括学校教学总结、班主任总结，以及教研组和教师的德育、语文、数学、英语、体育、音乐、综合、科学等学科总结。

对教育教学档案中的教学工作总结的文字信息（包括从电子档案中抽取的文字信息）进行挖掘和分析，可以找出年度教学工作重点。对历年年度报告中的全部词进行比较，可以发现教学工作重点的变化。2015—2018 年教育教学档案共有 4815 件，对所有文字内容进行统计分析发现，含"数据"的件数占比达 13.64%，含"健康"的占 10.99%，含"大数据"的仅占 0.08%，部分词及件数见表 9-23。

表 9-23 2015—2018 年教育教学档案的部分词及件数

词	件　数	件数占比（%）
数据	657	13.64
健康	529	10.99
成长	172	3.57
激发	127	2.64
教材	108	2.24
课堂教学	93	1.93
素养	78	1.62
教学工作	76	1.58
学习兴趣	36	0.75
课程标准	30	0.62
素质教育	25	0.52

续表

词	件　数	件数占比（%）
核心素养	14	0.29
视力	12	0.25
教育方针	7	0.15
大数据	4	0.08

培英小学最早的教育教学档案是 1988 年的，1988—1990 年度每年的件数不超过 2 件，1994—2002 年度每年的件数不超过 500 件，但从 2003 年开始大幅增加，当年的件数就超过了 1000 件，2014 年的件数达到 1773 件。1988—2017 年度教育教学档案的件数见表 9-24，其中，1991—1993 年度的档案缺失。

表 9-24　1988—2017 年度教育教学档案的件数

年　份	件　数	占比（%）	年　份	件　数	占比（%）
1988	1	<0.1	2005	1212	5.2
1989	2	<0.1	2006	879	3.8
1990	1	<0.1	2007	1369	5.9
1994	456	2.0	2008	1295	5.6
1995	404	1.7	2009	1105	4.8
1996	350	1.5	2010	761	3.3
1997	358	1.5	2011	1018	4.4
1998	329	1.4	2012	1206	5.2
1999	462	2.0	2013	1568	6.8
2000	464	2.0	2014	1773	7.7
2001	416	1.8	2015	1602	6.9
2002	412	1.8	2016	1490	6.4
2003	1098	4.8	2017	1609	7.0
2004	1464	6.3			

注：1991—1993 年度的档案缺失。

9.4.2 文书档案数据

文书档案的内容在一定程度上反映了学校管理的能力和水平。培英小学的文书档案内容包括通知、学校大事记、开学典礼、学校管理规定、规章制度、组织机构、发展规划、教育统计数据、会议记录（行政部门、党支部、团支部、工会、纪检部门等）、干部聘任、岗位聘用、职称评定、教职工名册等。

培英小学留存的最早的文书档案是1989年的，1989年和1990年的都只有1件，2005年的达到296件，2011年的回落到113件，2016年的达到325件，几乎每天1件。1989—2018年度文书档案的件数见表9-25。

表9-25 1989—2018年度文书档案的件数

年 份	件 数	占比（%）	年 份	件 数	占比（%）
1989	1	<0.1	2004	151	3.5
1990	1	<0.1	2005	296	7.0
1991	5	0.1	2006	293	6.9
1992	5	0.1	2007	256	6.0
1993	72	1.7	2008	268	6.3
1994	25	0.6	2009	127	3.0
1995	32	0.8	2010	114	2.7
1996	136	3.2	2011	113	2.7
1997	21	0.5	2012	147	3.5
1998	57	1.3	2013	287	6.7
1999	59	1.4	2014	266	6.2
2000	65	1.5	2015	264	6.2
2001	120	2.8	2016	325	7.6
2002	52	1.2	2017	276	6.5
2003	166	3.9	2018	258	6.1

9.5　学校管理应用

聚焦"优化流程、提高效率"的目标，学校提出了变革需求，打造管理应用生态圈，旨在实现科学、高效的学校治理。本节重点介绍了"五项管理"、学生健康管理、人员管理和内控建设。

9.5.1　五项管理

针对教育部提出的"五项管理"（即手机管理、睡眠管理、读物管理、作业管理、体质管理）要求，学校通过数字化赋能，开放共建，实现了家校互动的管理模式。

各科教师通过微信小程序或微信群，发布作业内容、作业量和预估时间。家长通过微信小程序或微信群及时获悉当日作业。学校管理人员可以查阅全校各班作业布置的具体情况，并通过系统汇总的当日作业数据报告及预警信息作出相应的管理反应。

学校采用家庭问卷的方式，让家长填报"就寝时间""起床时间"，以获得学生的睡眠时长数据。对全校学生的睡眠情况进行统计与分析，及时针对情况异常的学生或班级进行预警。

学校和班主任通过微信群与家长联系，及时了解学生在校和在家的情况。

学校在规范课外读物的基础上，引导学生读书，鼓励和激发学生的阅读兴趣。

学校定期对学生的视力、身高、体重、体脂率进行检测和记录，并进行数据对比分析，对近视、边缘视力、肥胖、体重超标、过于瘦小、体脂率过高的学生进行预警分析。同时，将这些数据与健康体测数据等一同纳入学生综合素质评价系统，使之成为学生体质评价的依据。

9.5.2 学生健康管理

学生健康管理是学校管理的重要环节。学校的智慧健康管理努力做到化繁为简、基于实证。

学校收集学生的视力、体质健康测试成绩、睡眠时间等数据。从一年级开始，每年都会有一次体质健康测试，对成绩数据进行收集，并于每年12月录入体质健康测试数据库，便于保存和分析利用。等级评价这类数据只能说明结果，而不能被用于分析挖掘。学生基本信息中的健康状况是用健康、良好、一般、较弱、有生理缺陷等描述性词来表示的，没有具体的健康指标。

健康上报与因病缺课审批。在班级微信群由家长完成健康信息上报或学生因病缺课申请，班主任收到信息后予以批准，卫生室汇集全校信息并上报学校。

校园伤害事故记录学生在校发生伤害事故的情况，卫生室及时处置并在平台上记录，使班主任、分管领导在第一时间知晓伤情，跟进处理。

一生一档，关注学生心理健康。学校建立以学习困难学生、行为偏差学生、心理问题学生为主体的一生一档数据，及时记录教师的个性化教育，留存教育轨迹。

9.5.3　人员管理

根据设定的各类人员的工作量标准进行任教调配。人事安排确定后，所有教师的工作量、任教班级、兼职情况都会自动生成文件且文件可导出，这大大提高了人事安排的效率。

利用智能化的算法和人工智能技术，一键生成排课结果，一并生成课表、班级课表、教师课表。学生、家长、任课教师通过微信小程序便可查阅课表。

建立了请假管理系统，可提供智能化的考勤管理服务，其具有请假流程规范、请假便利、自动提醒、自动记录等特点。教师按照规范的流程，利用手机、电脑等多种方式可以随时在线提交请假申请，安排工作或应对不可预见的紧急情况。教师请假往往涉及学校的多个部门，为提高请假效率，系统会依据教师填写的请假内容（如请假类型、请假时长、是否需要学校安排工作等信息），自动地将请假申请第一时间发送至相关管理人员的手机。教师提交请假申请后，系统会自动提醒学校管理人员及时查看并安排相关的工作，管理人员第一时间处理，这就保障了学校各部门的正常运转。相关的请假信息被自动地记录在系统中，方便随时查看，管理部门也可以根据教师请假的原因、频率、时长等，更有效地制定管理策略。

9.5.4　内控建设

内控建设作为"一把手"工程，应构建"以预算管理为主线、以资金管控为核心"的内部控制体系。培英小学对学校内部的经济活动进行了全面的梳理，提出了针对重要风险点的内控措施，于2016年5月制定了《北京市海淀区培英小学内部控制手册（试行）》，并在实施过程中进行了多次修订。

通过信息化手段来落实内控制度。用系统化思维全流程整合内控管理各环节的业务规范，通过将规则嵌入系统来强化制度执行力。培英小学根据学校自身情况，制定了信息系统建设的相关规划，并研发了适用于学校实际情况的内控系统。2018年1月，内控系统1.0版正式上线，实现了预算管理、收入管理、支出管理、合同管理业务流程的电子化管控。经过使用、磨合、改进，2020年，内控系统升级至2.0版，在原有业务模块的基础上增加了重要事项、决策支持模块，加强了内控与业务之间的衔接融合，从而提高了风险识别能力、风险监控能力、风险预警能力。

通过信息化手段来提升工作效率。内控系统的移动审批功能显著地缩短了业务单据的审批时长，提升了办公效率。财务信息和数据由传统的人工统计变为计算机软件统计，从而提高了工作效率。

通过数据挖掘和利用来提升财务管理水平。财务人员利用内控系统对数据进行解读，建立了内控执行人员的执行操作记录，通过寻求数据的规律，透过数据看本质，每季度形成《预算执行情况绩效报告》，追踪预算执行情况，发现问题并及时调控以解决问题，真正使内控工作扎实落地。用数据说话，用数据决策，用数据管理，实现基于数据的科学决策，逐步提高预算精准度，提升财务管理水平。

9.6　数据驱动学校管理决策

随着数据库技术和数据挖掘技术的发展，进一步地有效利用数据形成决策的洞察力成为可能，数据驱动决策系统得以发展。培英小学数据驱动决策系统的基本原理是，通过数据提取、转换和加载工具将来自不同数据源的数据存储到数据库，然后利用数据分析工具进行分析挖掘，将数据转化为知识，最后利用决策支持工具及咨询支持服务，基于数据作出学校的管理决策。

数据来自学校、家庭、教育部门、相关部门和社会等不同的数据源，包括学校基本信息、学生基本信息、学生健康数据、教师人事信息、教育教学数据、体育文艺活动数据、合同和协议、财务数据、设备数据等。数据类型有结构化数据、半结构化数据、非结构化数据。

随着数据化的推进，学校决策者所做的第一件事就是要得到更多的数据。可以从各种数据源（包括表格、电子文件、数据库等）中抽取数据，包括从文本格式电子文件中抽取文字信息。按照数据清洗和处理规范，采用清洗软件和数据库软件对数据进行清洗，处理冗余数据、一般错误数据、逻辑错误数据、异常数据、漏填和漏选数据等。数据处理的最大难度就是，处理不完全和不规范所导致的数据的不确定性。采用软件对数据质量进行控制，对重要的电子文件进行 OCR 文字识别时，须对识别结果进行人工校对，以提高数据质量。

建立不同类型的数据库，包括关系型数据库组成的异构数据库，以及关系型数据库和非关系型数据库组成的异构数据库。异构数据库通常被作为一个强大的数据驱动决策系统的基础层，并将处理好的数据加载到异构数据库中。根据决策的需要，从数据库中获取信息，进一步挖掘数据资源。

数据分析工具是推动数据驱动决策系统的"引擎"。不同的数据需要不同的数据分析工具。提供多种分析工具，可以对各种数据源或数据库中的数值、日期、时间、文字等进行检索、统计和分析，给出分析结果报告，并根据分析结果进行预测，找出原因或相关关系。学校采用不同的数据分析工具，对长达10年的全校学生的数万条视力数据进行分析，对多年的学生基本信息、教师基本信息进行分析，对30多年来数十万页的教育教学档案、文书档案、人事档案数据进行分析，从而找出原因、因果关系或相关关系。

当数据量变大、数据处理速度加快，而且数据变得不那么精确时，之前的预设立场就可能不存在了。因为数据量庞大，最后作出决策的可能是计算机。决策支持工具对大量的数据进行深入、详细的了解和分析，然后进行推测。大数据对决策者的影响非常大，例如，学校对可能影响视力的各种数据进行统计分析，如体测成绩、父母视力、睡眠时间、眼保健操时间、锻炼时间、上课电子屏使用时间、书面作业时间等。在一个可能性和相关性占主导地位的数据世界里，专业性可能居于次要地位或不那么重要，直觉的判断不得不让位于精准的数据分析，这将使学校决策者调整在管理、决策和教育方面的传统理念。只有运用严谨的统计数据，决策者才能真正理解事情的复杂性并作出正确的决定。

第十章 小学智慧校园建设

为落实国家教育数字化战略，加快推进教育数字化转型，加快智慧校园的建设，打造智慧教育新高地，教育部 2018 年发布了《中小学数字校园建设规范（试行）》，北京市教委 2023 年制定了《北京市中小学智慧校园建设规范（试行）》。培英小学负责研究的三个教育规划研究课题为智慧校园的建设奠定了基础。本章围绕数字资源、数字素养、学校教育数据应用、微信公众号和信息化系统展开论述。

10.1 数字资源

数字资源是小学智慧校园建设最重要的环节之一，是学校教育信息化实践的基石。首先要夯实数字资源基础，建立统一的基础数据管理平台。培英小学从 2016 年开始收集、整理和汇集自 1954 年建校以来的学校基本信息、档案数据（人事档案数据、教育教育档案数据、文书档案数据等）、学生数字信息（包括小学生成长数据）、教师数字信息、教育教学数字信息等数据，开发适用于小学的数据清洗和处理软件，制定了培英小学《纸质档案数字化规范》《数据清洗和处理规范》，获得了上百万个高质量、真实可用的数据，这也成为学校管理数据、教育教学数据、学生成长数据、教师专业发展数据的重要组成部分。近年来，在教学方面，学校采用数字教材、教学课件、微课程、网络课程、教学案例、教育 App 等，扩大了数字教学资源的规模。

数字资源建设的重要环节之一是海量数据的长期保存。培英小学选择低能耗的磁光电混合存储系统长期保存海量的教育数据，采用关系型数据库和非关系型数据库存储学校教育结构化数据和非结构化数据，使数据的长期保存和分析利用成为可能。

数字资源建设技术应具有适用性与兼容性，能使数字资源在教学终端（包括 PC、平板电脑等）流畅播放。在智慧校园建设的过程中，学校根据实际情况，选择在几个方面实现深度应用，不断积累数据和应用，逐步推进学校教育的数字化转型。

10.2 数字素养

2014 年，教育部制定的《中小学校长信息化领导力标准（试行）》提出，校长是学校信息化工作的带头人、组织者和践行者，信息化领导力是中小学校长必备素质能力之一。培英小学校长及管理团队提出了学校信息化发展的明确思路，并结合学校的实际情况，制定了可持续、可实施、可落地的发展规划，并按照规划分阶段开展信息化领域的教育规划课题研究，夯实数据基座，提供低能耗数据存储的能力，建立具有检索和分析挖掘功能的数据库系统，为学校管理决策提供支持。

教育部 2019 年发布的《关于实施全国中小学教师信息技术应用能力提升工程 2.0 的意见》指出，信息技术应用能力是新时代高素质教师的核心素养。2022 年 11 月发布的行业标准 JY/T 0646—2022《教师数字素养》给出了"教师数字素养"的定义，即教师适当利用数字技术获取、加工、使用、管理和评价数字信息和资源，发现、分析和解决教育教学问题，优化、创新和变革教育教学活动而具有的意识、能力和责任。培英小学加强小学教师队伍数字素养培训，利用各级数字平台，对教师进行通识培训，更新观念；借助信息技术 2.0 培训，全面提升教师的数字素养。教师除日常电子备课以外，还引入了数字资源，制作 PPT，并插入视频和音频。与此同时，还借助互联网在线培训，不断提升教师的相关技能。立足校本，由学校电教组为学校教师进行实用工具培训，如调查问卷制作、教学直播、视频编辑等。

数字素养教育是 21 世纪小学教育中必不可少的部分，我国将发展小学生数字素养放在重要位置，教育部发布的《义务教育信息科技课程标准（2022 年版）》提出，义务教育信息科技课程具有基础性、实践性和综合性。小学信息科技课程旨在培养小学生核心素养，让小学生掌握数字素养的知识、技能和态度，能够进行基本的信息处理，促进小学生数字素养与技能的提升，来应对信息社会日新月异的变化。培英小学按照课程设置要求，在三年级至六年级开设信息技术课，每周一课时。为了落实新课标的理念，教师在区级教研、组内教研的学习中，学习新课标要求，探索课标落实的有效途径，撰写课标故事，借一例，通一串，积方法。学生已经具备在数字化环境下查询、浏览、下载信息的能力，能够在网络环境下学习知识，扩大知识面。

10.3 学校教育数据应用

学校教育数据应用是智慧校园生态建设中不可或缺的环节。学校教育数据应用包括管理数据应用、教学数据应用、学生成长数据应用、教师发展数据应用等。学校教育数据应用面广，会产生海量的数据，每个方面都会涉及数据的统计分析，可为智慧学校的教育教学管理、促进学生成长、发展决策等提供数据支撑。同时，学校在利用互联网教育服务时也会产生大量的数据，有效利用这些数据服务学校的教育教学，是智慧校园建设中的一个重要环节。培英小学根据学校的实际需求，制定了本校智慧校园数据应用方案，对存储在关系型数据库和非关系型数据库中的学校基本信息、档案数据、学生信息、教师信息、教育教学信息等数据进行分析。对数据库中字符字段、文本字段、数值字段、日期字段、时间字段的文字信息在设定条件下进行分析，分析结果以列表方式和可视化方式（如柱状图、饼状图、折线图）展示，点击分析结果中的数据，可以读取数据库中的详细信息。

大数据分析可以促进学校管理从静态监管向动态治理转变，教育教学从被动接受向主动探究转变，学生学习从标准化向个性化转变，教育评价从选拔向促进学生个性化成长转变，促进学校治理能力和治理水平不断提升。

10.4　微信公众号

小学微信公众号已成为学校智慧校园的重要组成部分和强大的工具。培英小学微信公众号于 2015 年开通，如今已有超过 8500 人关注。最初，微信公众号主要被用于宣传学校动态、学生活动，发布重要通知，加强学校与家长的沟通与联系。随着"智慧工作 快乐生活"办学理念内涵的日臻深化，公众号的栏目设置不断优化，设有学校说、校长手记、慧乐家校、闪亮班级、学校动态、校园速览等栏目。

学校说栏目以学校办学理念为基点，推出与学校对办学理念的思考、内涵的解读、理念落实的举措相关的文章，是学校管理者对教育的理解，对办学理念落地的实践探索。《智乐理念引领课程的建构》等文章，从学校管理、课程设置、教师队伍、德育建设、家校合作等方面全方位解读学校育人特色，让家长和社会了解学校办学思想、办学特色。

校长手记栏目包括两方面的内容。一是校长在重要时间节点面向学生、家长、教师发表的寄语、问候与祝福、希望与激励，让人感到温暖、亲切，激发向上的力量，构建和谐校园。二是校长推荐的文章，指导大家学习借鉴兄弟学校的经验做法，用他山之石可以攻玉的思想，给予教师、家长更多育人的智慧。

慧乐家校栏目推出于疫情期间。面对居家学习的学生和迷茫焦虑的家长，学校推出了以"家庭育人小攻略"为核心的该栏目，定期发布指导亲子沟通、保持心理健康等方面的文章，指导家长科学智慧育人。

闪亮班级栏目是为班级服务的平台，全校各个班级都可以借此平台展示班级活动和班级动态。这是全校所有班级展示风采的窗口，也是班级之间、家长与班级之间相互了解的桥梁。

学校动态栏目是即时新闻栏目，及时报道学校各方面的大情小事，让家长及社会了解学校最近的动态。

校园速览栏目是针对工作忙、难于抽出时间每天翻阅公众号的家长推出的短新闻栏目，集中报道学校最近一两周的新闻动态，以快餐式新闻的形式进行综述，便于家长抽空了解学校的工作。

班主任作为家校联系最关键的纽带，应以班级为单元，以家长为主要对象，增强班级凝聚力，并按照"一点做法、一点思考、一份初衷"的指导思想，采用调查问卷的形式，群策群力，宣传智慧班班级群，搞好班级微信群。"一点做法"是让老师知道调查问卷是学校的做法。"一点思考"强调的是要仔细思考，理解调查问卷不是目的，而是要透过数据看本质，使学校了解家长的关注度。"一份初衷"是让家长知道每学期、每月、每周乃至每天，学校和老师都在为学生们忙碌着，并期待获得家长的认可。

根据 2023 年 11 月 8 日的调查问卷统计，全校共有 45 个班。每个年级有 6~10 个班，所有的班级都参与了问卷调查，班级参与率为 100%。全校共有 1877 名在校生，有 1344 名学生参与了问卷调查，个人参与率达到 72%。其中，六年级的个人参与率为 97%，五年级为 92%，四年级为 73%，三年级为 88%，二年级为 68%，一年级为 58%，有 9 个班的个人参与率达 100%。调查问卷的统计与分析结果见表 10-1。

表 10-1 调查问卷的统计与分析结果

序号	问题	回答	结论
1	是否关注培英小学公众号	关注：98.74% 没有关注：1.26%	家长关注度很高，是很有效的家校联系的工具和手段
2	没有关注的主要原因	没有时间：29.41% 不太关心：17.65% 其他：52.94%	-
3	关注公众号的家庭成员	母亲：60.31% 父亲：12.61% 祖辈：0.22% 都关注：26.85%	母亲关注的比例高
4	关注公众号的频率	每天关注：18.10% 每周关注：65.43% 每月关注 16.47%	每周关注的比例高
5	浏览公众号的时间	白天：39.02% 下班后及晚上：44.44% 周末：11.05% 节假日或其他：5.49%	主要在下班后及晚上，其次是白天

续表

序号	问题	回答	结论
6	公众号各类资讯中最喜欢此类资讯的比例	学校说专栏类：43.32% 学校资讯类：60.31% 学校活动类：82.57% 校园服务类：56.60% 班级活动类：83.23%	家长关注学校的方方面面，其中，班级活动、学校活动的关注度最高，说明班级的管理和建设是重中之重，丰富的学校活动势必会赢得家长的认可，这提示学校和班级要把各种活动信息及时通过公众号推送
7	校园速览栏目是2023年度第一学期新开辟的，班主任是否转发到班级群	转发：79.75% 没转发：5.34% 没注意：14.91%	大部分班主任都重视校园速览栏目
8	目前为止，校园速览共报道4期，关注了几期	第一期：14.91% 第二期：19.88% 第三期：12.98% 第四期：12.98%	第二期的关注度高
9	与学校联系的方式	校长信箱：31.38% 校长邮箱：53.19% 校长热线：58.90% 其他：58.90%	联系方式的多样性有利于家校联系

10.5　信息化系统

　　推进学校管理业务的数字化、网络化和移动化水平，推进数字化赋能学校精准管理、动态跟踪和综合治理，能够提高智能化管理水平。培英小学按照学校的实际情况，逐步将学校的各类管理信息系统进行融合，包括基础数据管理系统、办公自动化系统、信息化设备管理系统、电子档案管理系统、照片和音视频管理系统、数据备份系统等，这些系统涉及教务、行政、安全、总务、财务、档案、人事、学生和设备管理等多个方面。

基础数据管理系统被用于存储和管理学校基础数据、学生基础数据、教师基础数据、学科教材基础数据等。

办公自动化系统被用于整合校内的各类办公应用场景，逐步实现全流程、全业务线上办公，实现管理工作数据互通、管理流程互联，优化学校的办公管理。

信息化设备管理系统被用于对各类的物联智能设备进行集中管理，同时将设备的使用数据存储在系统中，形成可查询、可分析的真实数据，以提高学校管理的效能。

电子档案管理系统被用于存储和管理人事、教育教学、文书、合同、科技、基建、财务等电子档案。

照片和音视频管理系统被用于存储和管理学校、班级、学生、家长、社会（如公益活动）等提供的照片和音视频。归档后的照片和音视频被转存到电子档案管理系统。

数据备份系统采用长寿命、超低能耗的存储介质来备份所有的数据。

CHAPTER 11

第十一章 培英小学承担的教育科学规划课题

从 2016 年至 2024 年，培英小学承担了北京市和海淀区两级的教育科学规划课题共三个，分别是"以本校数字化档案管理为例，探究小学数字化档案管理的有效途径""基于大数据技术的小学生成长档案数据存储与挖掘利用研究""基于大数据技术的小学生成长数据挖掘与学校管理研究"。这三个课题的研究内容相互关联，逐步深入，是小学生成长数据和学校管理研究的主要组成部分。

11.1 北京市海淀区教育科学规划课题（2016—2018）

本课题的名称是"以本校数字化档案管理为例，探究小学数字化档案管理的有效途径"。本节介绍课题的研究背景、现状、研究思路和主要成果。

1. 研究背景

2015 年,教育部确定北京市海淀区为《义务教育学校管理标准》实验区。同年 4 月,培英小学被确定为《义务教育学校管理标准》实验学校;5 月,培英小学参与了课题组针对《义务教育学校管理标准》的调研工作,对学校干部、师生、家长进行调研,学校根据调研反馈信息,明确了学校下一阶段的发展目标。

海淀区人民政府、海淀区档案局、海淀区教委档案室均对本行政区域内的立档单位提出了明确要求:各单位应给予档案工作一定的支持,并根据工作的需要,做好档案信息管理系统的开发工作,选择适合本单位实际情况的档案信息管理系统,做到纸质档案与电子档案同步,在日常工作中将纸质档案进行数字化扫描,留存电子档案,实现电子目录信息化、纸质档案数字化、档案利用工作现代化。

1954 年组建的友谊小学为培英小学的前身。1962 年,友谊小学被一分为二,其中,在炮兵部和总后营房部的基础上组建了培英小学。1994 年,培英小学和友谊小学合并。2002 年,培英小学和沙窝小学合并。在分分合合的发展历程中,学校规模不断壮大,学校积累了大量的纸质档案和资料,但疏于规范整理和科学管理。2016 年,随着人事档案管理权限由学区下放到学校,学校接收了自建校以来的全部离退休及在职教职工的纸质人事档案。学校领导认为,应结合本校的实际情况开展纸质档案和资料的整理、管理和利用的研究，按照档案库房的标准，扩建档案室，寻找创新和科学的数字化档案管理技术。同年7月，学校申请了海淀区"十三五"教育科学规划课题立项，开展"以本校数字化档案管理为例，探究小学数字化档案管理的有效途径"的课题研究。

2018年3月，海淀区教育系统"两委一室"联合海淀区教科院共同召开海淀区实施《义务教育学校管理标准》暨学校章程建设部署会，推动全面实施《义务教育学校管理标准》，以提高海淀区义务教育学校的治理水平和教育质量，推动义务教育优质、均衡发展。

2. 现状

原有的学校档案室面积仅6平方米，且所有的档案都被堆放在铁皮柜里。与北京市海淀区的多数小学一样，培英小学没有专职的档案人员编制，也没有专业的档案管理人员，通常是安排教师或行政管理人员轮流兼职担任档案管理人员，采用传统方法对纸质档案进行管理。近几年来，随着对档案管理的重视，一部分小学开始建设档案室，对纸质档案进行数字化，但小学如何管理纸质档案和电子档案尚处在探索阶段。将成规模的档案馆（室）电子档案管理系统照搬到小学，从技术、人员、维护、成本等诸多方面考虑，不现实，也不可持续。

3. 研究思路

本课题的目的是按照培英小学的档案规模、档案管理人员的水平、学校的信息化技术以及经费规模，来探索建设适合自身发展的档案室、档案管理模式和电子档案管理系统。本课题立项时，研究方向是规范管理档案，重在"管"。随着研究的深入，研究方向由管好档案转变为"活用"档案，要充分体现和利用档案的价值，为学校各部门的日常工作提供服务，提高工作效率，以及利用档案为学校的发展及重大决策提供有力依据，最大程度地满足学校教育教学管理的需求。

4. 主要成果

本课题的研究取得了以下主要成果。

- ➢ 建成了 60 平方米的档案室，其被分为档案准备间和库房。安装了手摇档案密集架，配备了温度湿度计、灭火器、清洁器、加湿器、消毒器，以及防尘、防鼠、防虫、预警等设施。
- ➢ 将分散的三校（培英小学、友谊小学、沙窝小学）的存量纸质资料和档案（自1954年建校以来的）按照文书、教育教学、人事、基建、设备、合同、财务、实物等类别进行了整理、分类、编目、立卷、归档等工作。
- ➢ 对存量的人事、教育教学、文书等纸质档案进行了数字化。
- ➢ 建立了电子档案管理系统，用于存储和管理人事、教育教学、文书等电子档案。
- ➢ 获得了《学校档案管理系统》软件著作权。
- ➢ 制定了培英小学标准《纸质档案数字化规范》。
- ➢ 制定了培英小学标准《数据清洗和处理方法》。
- ➢ 制定了培英小学标准《档号编制规则》。

11.2 北京市海淀区教育科学规划课题（2019—2021）

本课题的名称是"基于大数据技术的小学生成长档案数据存储与挖掘利用研究"。本节介绍课题的研究背景、目标、思路和主要成果。

1. 研究背景

我国教育部门从20世纪90年代开始使用计算机来记录小学生档案数据，利用小学生档案数据库（一般采用关系型数据库）来存储和管理小学生档案数据。小学生档案数据以结构化数据为主，也有少量的非结构化数据。随着教育事业的发展和信息技术的进步，小学生档案数据规模迅猛增长，产生了海量的电子文档、图像、音视频和小学生纸质档案数字化副本等非结构化数据，其占比远远超过结构化数据。

传统的关系型数据库对结构化小学生档案数据的存储和管理技术已经非常成熟，并发挥了极致的作用。近年来涌现的各种格式的非结构化小学生档案数据，基本上都是以文件的形式被存储在磁盘/固态盘上的，没有适合的计算机软件系统对非结构化小学生档案数据进行存储和管理。与关系型数据库相比，非关系型数据库在结构上有很大的不同，能够存储大量的结构化数据和非结构化数据，可以与关系型数据库交换结构化数据。

关系型数据库一般被用于对结构化数据进行统计分析，大多是对数值、日期、时间进行统计分析，较少对挂接在关系型数据库上的电子文件中的文字内容进行分析挖掘。同时，中文分词结构复杂，同义词也多，这也增大了对中文文字内容分析挖掘的难度。

2. 目标

本课题的目标有三个方面。一是在确立小学生成长档案数据内容框架、具体指标和表现形式的基础上，研发和建立基于关系型和非关系型数据库的小学生成长档案数据库管理系统。二是研究小学生成长档案数据知识库的建立方法和主要功能（即作为档案数据检索和分析挖掘的工具），其关键内容包括中文词汇、中文分词词汇、中文分词词典、同义词词汇、同义词词表。三是研究从多个维度对小学生成长档案数据进行分析和挖掘，包括文字、数值、日期、时间等。

3. 思路

厘清小学生成长档案数据的概念、内涵，确立小学生成长档案数据的框架维度、小学生成长档案数据的具体指标及其表现形式，阐明不同维度及指标之间的内在关系。

以培英小学的小学生成长记录为研究对象，收集小学生成长档案数据，为下一步的科学实验打下坚实的基础。

4. 主要成果

本课题的研究取得了以下主要成果。

- 收集、整理和录入了数十万条数据，包括学生基本信息、基础数据、学业数据、健康数据、家庭问卷调研数据、教育教学数据等。
- 建立了小学生成长档案数据库。
- 编写了小学生成长中文分词词典。
- 编写了小学生成长数据同义词词表。
- 制定了培英小学标准《小学电子文件和电子档案管理规范》。
- 撰写了论文《基于关系型和非关系型数据库的小学档案数据存储》。

11.3　北京市教育科学规划课题（2021—2024）

本课题的名称是"基于大数据技术的小学生成长数据挖掘与学校管理研究"。本节介绍课题的研究背景、思路和主要成果。

1. 研究背景

在大数据环境下，小学生成长数据的来源广，呈现海量性、格式多样性、集合多样性、高度分散性、标准多样性、归档复杂性、系统依赖性、保存长期性、价值多样性的特点，需要探索小学生成长数据的收集、存储、管理和分析挖掘的创新方式，低成本地构建小学生成长数据库，实现"建得起，用得起，可持续，可落地"的效果，达到《义务教育学校管理标准》规定的基本要求，为提升学校管理水平和管理效率奠定数据基础，以数字化赋能教育和学校管理，建设智慧小学校园。

2. 思路

课题研究主要从建设数据、分析数据、使用数据和提高管理效益四个方面展开。

建设数据：以培英小学学生综合素质档案和学生健康档案为研究突破口，从学生、教师、学校、家长及社会等多渠道广泛收集小学生成长的数据和资料，采用数据库进行存储和管理。

分析数据：进一步完善小学生成长中文分词词典和小学生成长数据同义词词表，利用数据库检索和分析挖掘功能，对小学生成长数据及相关的数据进行分析挖掘。

使用数据：将小学生成长数据及相关的数据作为学校管理的数据基础，用数据对学校管理进行评价。

提高管理效益：根据数据对学校管理进行评价和反馈信息，及时改进学校管理模式和具体做法，提高管理效率。

3. 主要成果

本课题的研究取得了以下主要成果。

- 收集、整理和录入了数十万条数据，包括学生基本信息、教育教学数据、视力数据、睡眠数据、体测数据等。
- 构建了照片和音视频数据库。
- 撰写了论文《小学生成长数据存储与管理研究》。
- 撰写了论文《小学生成长数据分析挖掘与学校管理研究》。
- 制定了培英小学标准《小学生成长数据长期保存通用规范》。
- 撰写了研究报告《基于大数据技术的小学生成长数据挖掘与学校管理研究》。

CHAPTER 12

第十二章
标准研究与编制

培英小学在数字化赋能教育和小学智慧校园建设中，坚持创新驱动，标准先行。培英小学根据所承担的北京市海淀区教育科学规划课题"以本校数字化档案管理为例，探究小学数字化档案管理的有效途径"和"基于大数据技术的小学生成长档案数据存储与挖掘利用研究"、北京市教育科学规划课题"基于大数据技术的小学生成长数据挖掘与学校管理研究"等三个课题的技术要求，以及相关的国家标准、行业标准和团体标准，结合培英小学的实际情况和实践，制定了《纸质档案数字化规范》《数据清洗与处理方法》《档号编制规则》《小学生成长数据长期保存通用规范》《小学电子文件和电子档案管理规范》等五个培英小学标准。

12.1 小学生成长数据长期保存通用规范

培英小学收集和整理了自建校 70 年来的上百万条数据，其中大量的数据是小学生成长数据。为了长期保存小学生成长数据，培英小学制定了《小学生成长数据长期保存通用规范》。本节对标准的编制作了说明，并介绍了标准的主要内容。

12.1.1 编制说明

（1）任务来源。根据培英小学所承担的北京市海淀区教育科学规划课题"基于大数据技术的小学生成长档案数据存储与挖掘利用研究"和北京市教育科学规划课题"基于大数据技术的小学生成长数据挖掘与学校管理研究"等两个课题的技术要求来编制标准。

（2）主要工作过程。2021年10月，确定了《小学生成长数据长期保存通用规范》的框架和主体内容，并着手分工编写。2021年11月至2023年11月，根据课题研究与实践应用，不断地修改完善内容，形成标准。

（3）标准编制原则。贯彻和落实小学生成长数据管理和存储相关的法规和政策、相关的国家和行业标准。本标准的制定与现行相关的国家标准、行业标准和团体标准相协调和衔接，并进行补充。在本标准中采用创新、可实现、可落地的技术内容。在本标准的编制过程中，征集了相关领域专家和用户的意见，确保本标准规定的内容科学合理。从当前小学生成长数据长期保存的应用实际情况出发，保障本标准的适用性和可推广性。按照国家标准 GB/T 1.1—2020《标准化工作导则 第1部分：标准化文件的结构和起草规则》的要求规范编写，形成适用于小学生成长数据长期保存的标准。

（4）确定主要内容的论据。目前小学生成长数据的存储介质主要采用磁盘和固态盘。磁盘和固态盘存取速度快,但存储寿命短(保存数据的平均寿命为 5 年)、能耗高,且数据可被修改和删除,安全性低,故难以保证数据的真实性、完整性、可用性。因此,采用磁盘和固态盘保存小学生成长数据存在诸多的风险和痛点,市场上急需采用新技术和新方法来替代传统的小学生成长数据保存模式。近年来,数据长期保存技术的进步逐渐改变了小学生成长数据长期保存的传统模式,学校、教育机构、家庭、学生开始使用长寿命、安全性高、兼容性强、低能耗、低成本的存储介质,这提高了小学生成长数据管理和利用的安全性、便利性。计算机和信息技术的进步提高了小学生成长数据的可追溯性,小学生成长数据的归档管理和长期保存为小学生素质教育和学校管理提供了可靠的数据支撑。然而,当前小学生成长数据的存储和长期保存不规范,缺乏相关的标准,小学生成长数据的收集、归档、保存、管理和利用还存在诸多问题。在未来相当长的时期内,这都将是小学和教育管理部门需要探索和研究的重要课题。小学生成长数据资源作为国家、社会和家庭的宝贵财富,对其有效利用和长期保存是必须要解决的问题,加强有效的小学生成长数据过程管理及选择合适的长期保存数据的存储介质是关键。

(5)主要验证情况分析。在标准编制过程中,进行了多次调研,了解行业产业现状,并与相关的厂商和应用单位就各环节的必要性进行了充分的讨论。后续将组织相关的小学生成长数据管理及数据长期保存的厂商和应用单位进行符合性内部验证及交叉互验,根据验证情况进一步完善以及修订标准文本。

(6)知识产权情况说明。截至目前,尚未发现标准中涉及知识产权相关的问题。

（7）产业化情况、推广应用论证和预期达到的经济效果。在大数据环境下，小学生成长数据的来源广，小学生成长数据的保存和管理涉及学校、教育部门和每个小学生的家庭，本标准能够改变小学生成长数据的保存和管理方式，有利于更好地保存和利用小学生成长数据。因此，本标准具有较好的推广应用前景。

（8）与现行相关法律、法规、规章及相关标准的协调性。本标准符合国家有关的法律法规和强制性国家标准，与有关的法律法规、国家标准、行业标准相协调，没有矛盾。

（9）贯彻标准的要求和措施建议。本标准是一项创新的标准，可以起到长期、安全保存小学生成长数据的作用，对促进小学生成长数据的应用发展意义重大。为此，建议向教育部门、小学及长期保存小学生成长数据的单位宣传本标准的重要意义，以获得国家政策的支持。同时，建议充分发挥媒体和公众号的作用，发表针对本标准的解读文章和相关论文。

12.1.2　主要内容

本标准主要包括以下内容。

（1）中文名：小学生成长数据长期保存通用规范。

（2）英文名：*General specification of long-term elementary school student's growth data preservation*。

（3）引言。在数字信息社会中，没有安全、长久地保存快速增长的数字信息的可靠手段。因此，人们担心，在不久的将来，世界将面临严峻的形势和重大的问题。在这种情况下，小学生成长数据的长期保存需要采用低成本、高兼容性、高安全性和低能耗的数据存储介质。更具体地说，由于光盘具有超低能耗的数据存储能力且光驱具有兼容性，可以对光盘上的数据进行检索（包括全文检索），因此，光盘越来越被认为是一种用于高容量存储介质的解决方案，并能确保小学生成长数据存储的安全性。将刻录特性良好的光驱与高品质的光盘组合起来，可以制作长期保存数据的高品质光盘，这既能使光盘的刻录品质更好，又能降低长期保存中数据质量的劣化程度。

（4）范围。本文件给出了小学生成长数据的分类方式，规定了小学生成长数据的归档、存储、备份、检索、利用的要求。本文件适用于学校、各级教育管理机构、社会团体以及个人对小学生成长数据的长期保存。

（5）主要规范性引用文件。GB/T 18894—2016《电子文件归档与电子档案管理规范》、GB/T 20988—2007《信息安全技术 信息系统灾难恢复规范》、DA/T 38—2021《档案级可录类光盘 CD-R、DVD-R、DVD+R 技术要求和应用规范》、DA/T 74—2019《电子档案存储用可录类蓝光光盘（BD-R）技术要求和应用规范》、DA/T 82—2019《基于文档型非关系型数据库的档案数据存储规范》、ISO/IEC 16963:2017《信息技术 信息交换和存储的数字记录媒体 数据长期存储用光盘寿命推测的试验方法》(*Information technology - Digitally recorded media for information interchange and storage - Test method for the estimation of lifetime of optical disks for long-term data storage*）、ISO/IEC 18630:2023《信息技术 信息交换和存储的数字记录媒体 数据长期保存用光盘的质量判别方法和存储系统的操作方法》（*Information technology - Digitally recorded media for information interchange and storage - Quality discrimination method for optical disks and operating method of storage systems for long-term data preservation*）。

（6）主要术语和定义。小学生成长数据是小学生成长过程中记录的数字信息的总称。存储媒体保存数据寿命是指存储媒体从开始存储数据，到存储媒体中的数据不能再被正确读取的时间。其他的术语包括可录类蓝光光盘、档案级可录类蓝光光盘、蓝光驱动器、蓝光刻录驱动器、蓝光检测驱动器、最大 C1 错误、最大奇偶校验内码错误、最大随机误码率、最大突发误码串、不可纠正错误、光盘初期品质检测、光盘长期品质检测、磁光电混合存储系统。

（7）主要章节。第 5 章 总则，包括适用性、可读性、完整性、安全性、节能和经济性等内容。适用性是指小学生成长数据保存系统和存储介质应适用于大规模、多种类、多种格式的小学生成长数据的存储、检索和利用。可读性是指存储介质和读写设备应具有兼容性，存储介质上长期保存的小学生成长数据可被读写设备读取。完整性是指小学生成长数据被写入存储介质之后，存储介质应防止因错误或故意操作造成的小学生成长数据被物理覆盖或被删除，必须保持很好的完整性。安全性是指存储设备及存储介质应具备较强的抗网络攻击能力，不受病毒的影响，具备较强的抗磁干扰能力。节能和经济性是指存储设备及存储介质的碳排放量（耗电量）低，长期保存过程中的维护费用低,总体拥有成本低,数据迁移次数少。第 6 章 小学生成长数据分类,包括小学生成长数据的分类方法和小学生成长数据的分类等内容。第 7 章 小学生成长数据的归档,包括数据收集与整理、档号编制、归档范围、归档格式和归档方式等内容。第 8 章 小学生成长数据存储,包括存储介质的选择、光(盘)存储系统、磁光电混合存储系统以及小学生成长数据(库)存储系统等内容。第 9 章 小学生成长数据备份,包括近线备份和离线备份等内容。第 10 章 小学生成长数据检索,包括中文自动分词、小学生成长数据文字信息索引和小学生成长数据检索等内容。第 11 章 小学生成长数据统计分析,包括对字符、数值、日期、时间进行统计分析等内容。第 12 章 安全,包括设备安全、系统安全和数据安全等内容。

12.2 数据清洗与处理的应用实例

数据清洗与处理必须充分考虑小学档案管理人员的实际情况(大多数小学由教师或行政管理人员轮流兼职管理档案)以及数据清洗与处理的成本和技术能力。本节介绍培英小学数据清洗与处理的部分应用实例。

12.2.1 Word 文档的表格数据转存

将多个人事档案目录 Word 文档中的多个表格的数据转存到一个 Excel 表。人事档案目录中的表格示例如图 12-1 所示。具体步骤如下。

（1）将Word文档表格中的"-"转变为"."，如将"1-1"转变为"1.1"。

（2）将多个Word文档（多个人的人事档案目录）中的多个表格的数据（包括类号、材料名称、材料制成时间、页数、备注）对应转存到多个HTML文件。多个HTML文件名对应多个Word文档名，Word文档名由编号和姓名组成（如025XXX.doc）。将多个HTML文件的文件名、类号、材料名称、材料制成时间、页数、备注转存到一个Excel表。

（3）HTML文件中的类号中的一级序号"一、二、三、四、五、六、七、八、九、十"在Excel表中分别被转为档号中的一级序号"01、02、03、04、05、06、07、08、09、10"。HTML文件中的类号中的二级序号"1、2、3……"在Excel表中分别被转为档号中的二级序号"01、02、03……"。HTML文件中的类号中的三级序号"1.1、1.2、1.3……"在Excel表中分别被转为档号中的三级序号"01-01、01-02、01-03……"。HTML文件中的类号中的"."被转为Excel表中档号的"-"。

（4）HTML文件中材料制成时间的格式"年""月""日"（如2019、4、18）在Excel表中被转为Excel日期的格式（如2019/04/18）。日期中的年、月、日缺少任何一项，程序将自动标识为日期不详。

（5）按照培英小学人事档案档号的编制规则，档号结构是"门类代码—编号—姓名—类号"，程序将门类代码（RS）、编号、姓名、类号组成档号。

(6) 可以在 Excel 表中统计多个 Word 文档中人事档案数据的条数。

(7) 利用档号的唯一性,通过查重找到重复的档号。

(8) 将新增人事档案目录的数据与原有人事档案目录的数据进行对比,用黄色标识新增人事档案目录的数据。将新增人事档案目录的数据提取至新增工作单。

(9) 将新增人事档案目录的数据与新增人事档案 PDF 文件进行对比,确认数据是否正确。

人 事 档 案　　　目 录

类号	材 料 名 称	材料制成时间			页数	备 注
		年	月	日		
四	学历、学位、职称等材料					
1	学历学位材料					
1-1	高级中等学校招生"加试"合格证	1996	5	6	1	
1-2	高级中等学校提前招生报名单	1996	5	12	1	
1-3	中等师范学校学生学籍登记册	1999	5	16	10	
1-4	合格情况登记卡	1999	6	2	1	
1-5	中等师范学校毕业生登记表	1999	7	1	7	

图 12-1　人事档案目录中的表格示例

12.2.2　数据库之间的数据匹配

将两个非关系型数据库中的数据进行匹配。例如，学生基本信息库中有身份证号字段，体检数据库中也有身份证号字段，可用学生基本信息库中的身份证号（例如有 1 万个）来匹配体检数据库中的身份证号（例如有 10 万个）。具体操作方式：将学生基本信息库中的身份证号导入 Excel（1）文件，与体检数据库中的身份证号进行匹配；匹配的身份证号及相关字段的数据被存放在 Excel（2）文件的工作单 1 中；一个身份证号可能会匹配 n 次体检记录，输出 n 条体检记录的数据；不匹配和不规范的身份证号及相关字段的数据被存放在 Excel（2）文件的工作单 2 中。

12.2.3　Excel 文件清洗处理

Excel 文件清洗处理包括但不限于以下方法。

- Excel 文件重名修改：合并多个文件夹时，不同文件夹中的 XLSX 文件可能重名，因此，需要使用程序将"Excel 文件名"改为"文件夹名 + Excel 文件名"。
- Excel 文件名中的字符修改：批量修改 Excel 文件名中不规则的字符，删改多余的字符。
- 增加列（字段）：批量增加多个 Excel 文件的列（字段）。
- 删除列（字段）：批量删除多个 Excel 文件的列（字段）。
- 调换列（字段）位置：批量调换多个 Excel 文件的列（字段）位置。
- 日期检查：批量检查多个 Excel 文件的所有日期列（字段），在有错误日期的 Excel 文件名后作标注，同时对 Excel 文件中的每个错误日期作标注。

➢ 高位补零：批量对 Excel 文件的数字进行高位补零。

➢ 删除特殊字符：批量删除 Excel 文件中的特殊字符，如@。

➢ 中英文分离：将一列字段中的中英文分离为两列。

参考文献

[1] 中国通信工业协会互联网产业专业委员会. 中国磁光电混合存储产业蓝皮书 [M]. 北京: 电子工业出版社, 2023: 3, 4, 61, 71, 234-237.

[2] 迈克-舍恩伯格, 库克耶. 大数据时代 [M]. 盛杨燕, 周涛, 译. 杭州: 浙江人民出版社, 2012: 012.

[3] 王志宇. 非结构化电子文件管理研究 [M]. 北京: 中国社会科学出版社, 2023: 30-32.

[4] 练亚纯, 郑秋生, 陶光毅, 等. TRIP 非结构化数据库及其搜索引擎技术与应用 [M]. 北京: 电子工业出版社, 2014: 152-153.

[5] Information technology-Digitally recorded media for information interchange and storage-Quality discrimination method for optical disks and operating method of storage systems for long-term data preservation: ISO/IEC 18630: 2023[S].

[6] 長期データ保存用光ディスクの品質判別方法及び長期保存システムの運用方法: JIS X6257:2022[S].

[7] TAO G Y, LIAN Y C, LIAN Z C. Database Storage System based on Jukebox and Method Using the System: US10255235[P]. 2019-04-09.

[8] 陶光毅, 练亚纯, 练子川. 光ディスクに基づくデータベース

記憶システム及びその利用方法：JP6178859［P］. 2017-07-21.

[9] 顾佳妮，杨现民，郑旭东，等．数据驱动学校治理现代化的逻辑框架与实践探索［J］. 现代远程教育研究，2020，32(05)：25-34.

[10] 杭禹．美国学校改进中的数据使用研究［D］. 上海：华东师范大学，2016.

[11] Guadalupe H. Simpson. School leaders' use of data-driven decision-making for school improvement: A study of promising practices in two California charter schools[D]. Los Angeles: the Falculty of the USC Rossier School of Edcucation Doctor dissertation, 2011.

[12] 赵娜．美国教师教育认证的麦当劳化——以加利福尼亚州为例［J］. 高教探索，2021(10)：85-93.

[13] 祝莉娟，陶光毅，孙琦．基于关系型和非关系型数据库的小学档案数据存储［J］. 中国档案，2021(11)：42-43.

[14] 程淑琴．大数据在基础教育管理与决策中的应用研究［J］. 大庆师范学院学报，2014，34(06)：86-90.

[15] 于中华．大数据时代建立学生电子成长档案探究与实践［J］. 办公室业务，2019(08)：159-160.

[16] 李忆华，阳小华．大数据对教育管理决策的影响分析［J］. 内蒙古师范大学学报(教育科学版)，2015，28(03)：4-6.

[17] 杨洁．大数据时代中小学生电子成长档案的建立［J］. 黑龙江档案，2022(04)：139-141.

[18] 马军腾．基于电子成长档案区域中的小学生发展评价研究［J］. 新教育，2017(04)：76-77.

[19] 任重．利用智慧校园大数据优化学校管理［J］. 现代信息科技，2020，4(23)：122-125，129.

[20] 骆志煌. 教育信息化推进高品质学校现代化建设 [J]. 教育评论，2022(09)：63-68.

[21] 陈洁，黄军. 教育数字化转型背景下的学校管理流程变革 [J]. 教育传播与技术，2022(05)：9-15.

[22] 王萍，傅泽禄. 数据驱动决策系统：大数据时代美国学校改进的有力工具 [J]. 中国电化教育，2014(07)：105-112.

[23] 熊宗莉，熊虎. 小学生发展环境的监测、诊断与改善 [J]. 上海教育评估研究，2020，9(04)：58-62.

[24] 张学虎. 推进教育数字化转型 让中小学校园更智慧：解读《北京市中小学智慧校园建设规范（试行）》[J]. 中小学信息技术教育，2023(08)：13-15.

[25] 钟启泉. 回归基础教育的基本职能 [J]. 人民教育，2016(17)：42.

[26] 杨涛. 中文信息处理中的自动分词方法研究 [J]. 现代交际，2019(07)：93-95.

[27] 吴雯娜. 我国叙词表的编制历史与发展模式 [J]. 情报理论与实践，2018，41(6)：39-44.